Lord Hopper – Ein Pony überlistet die Katzendiebe

Michaela Hanauer

Lord Hopper

Ein Pony überlistet die Katzendiebe

Mit Bildern von
Isabelle Dinter

Thienemann

Ruhe vor dem Sturm

Puh, ist das heiß heute! Auf unsere schöne Weide knallt unerbittlich die Mittagssonne herab. Es wird Zeit, dass ich mir ein schattiges Plätzchen suche. Langsam, damit ich nicht noch mehr ins Schwitzen gerate, trotte ich auf unseren Unterstand und die kleine Baumgruppe am hinteren Ende der Wiese zu.

»Hallo, Hopper«, ruft mir Kira entgegen. »Na, ist dir auch zu warm?«

»Und wie!«, sage ich.

Das hätte ich mir denken können, dass ich nicht der Einzige bin, der zu diesem kühleren Fleckchen unterwegs ist. Nichts gegen Kira –

gegen hübsche Stutengesellschaft habe ich nichts einzuwenden.

Im Gegenteil, ich bin froh, dass sie wieder ganz normal mit mir redet. Es hat mich einige Bissen meiner Gurkensandwichs gekostet. Denn nach meinem ersten Detektiv-Fall vor ein paar Wochen war Kira mit mir noch eine ganze Weile beleidigt. Sie hatte einen falschen Verdacht und hat mich damit in die Irre geführt. Deshalb habe ich mich über sie lustig gemacht. Nicht die feine englische Art, ich weiß. Schließlich wollte sie mir nur helfen. Noch dazu bin ich offiziell tatsächlich ein waschechter, englischer Adliger – Lord Hopkins of Northcastle. Und wie heißt es so schön: Adel verpflichtet. Darum bemühe ich mich, zu Kira besonders nett zu sein. Und ich teile, wie gesagt, sogar ab und zu meinen heiß geliebten Fünf-Uhr-Snack mit ihr. Wenn sie gerade in der Nähe ist. Ansonsten bekommt sie es ja nicht mit und hinterher-

tragen muss ich ihr meine Leibspeise nicht, oder?

Leider steht meine Pferdefreundin nicht allein unter den Bäumen. Die gesamte Apfelbaum-Herde hat sich dort versammelt. Fiora,

Brombeere und Juli dösen matt vor sich hin. Der Schimmelwallach Amato fletscht, wie nicht anders zu erwarten, die Zähne, als er mich sieht. Er kann es einfach nicht verwinden, dass ich seit meinem Erfolg als Ponydetektiv der Held des Hofes bin. Vielleicht sollte ich ihm mal flüstern, dass ich auch vorher schon viel beliebter war als er. Dann regt er sich wieder so schön auf und wir können uns ein wenig über die Koppel jagen. Ach nein, für unser Fangenspiel ist es mir heute einfach zu heiß!

Zu allem Überfluss kommt aus der anderen Ecke Emil angetrippelt. Dieser Esel – seufz! Seit ich ihn aus seinem Gefängnis im Wald befreit und ihm sogar einen Platz hier auf dem Hof beschafft habe, hängt er an mir wie eine Klette. Ein wenig Bewunderung ist manchmal nett, aber ab und zu braucht das Fellpony seine Erholung. Besonders in der prallen Sommerhitze. Ich beschließe, das Feld zu räumen und einen Spaziergang zu machen. Bestimmt lässt sich irgendwo ein ruhigerer Ort finden. Als ich mich umdrehe, ruft Emil mir hinterher: »Hopper, warte, wohin willst du denn? Komm doch zu uns in den Schatten!«

»Ich habe noch etwas zu erledigen«, behaupte ich. Im Zickzackkurs bewege ich mich auf das Gatter zu, damit er bloß nicht auf die Idee kommt, sich mir anzuschließen. Zum Glück ist so ein Schnappriegel für mich überhaupt kein Hindernis. Ich habe bei meinem ersten Herrchen und Freund, dem echten Lord Hopkins auf der Nordburg, so viele Tricks gelernt, dass ich mit den Zähnen einfache Absperrungen wie diese spielend beiseiteschieben kann. Nur mit einem echten Schloss, für das man einen Schlüssel braucht, hätte ich ein paar Probleme. Deshalb kann ich, im Gegensatz zu meinen Pony- und Pferdefreunden, jederzeit einen kleinen Ausflug machen.

Gemütlich schlendere ich den Weg entlang

und statte Onkel Ottos Apfelgärten einen Besuch ab. Hier ist es noch viel besser als bei uns auf der Weide. Unter den Bäumen ist es genauso kühl, ich habe meine Ruhe *und* die ersten Äpfel sind reif. Ein paar sind sogar schon heruntergefallen. Was für ein netter Zufall, als ob sie auf mich gewartet hätten. Wie das duftet! Ich strecke den Kopf nach unten und knabbere testweise an einer Frucht. Noch ein

wenig säuerlich, aber sehr saftig! Wenn es weiterhin so sonnig ist, kann Onkel Otto spätestens in einer Woche die erste Ernte einfahren. Ich bin inzwischen Experte in Sachen reife Äpfel. Sie sind mein zweitliebstes Lieblingsfutter.

Außerdem verdanke ich einem Apfel meinen Ermittlungserfolg als welterster und weltbester Ponydetektiv.

Die Futterdiebin hatte ihn auf der Flucht in

ihr Versteck verloren und so konnte ich ihrer Spur folgen.

Versonnen denke ich daran zurück. Ganz schön spannend und aufregend war das. Und ich konnte zeigen, was ihn mir steckt. Selbst Onkel Otto hat mir danach kurz den Hals getätschelt und mir erlaubt, dass ich hin und wieder sein Fallobst verspeisen darf. Normalerweise überlässt er uns Ponys und Pferde lieber seiner Frau. Denn Tante Jo leitet den Reiterhof und er hat seine Äpfel. Sein Lob ist also eine besondere Auszeichnung!

Ich habe gehofft, dass ich öfter knifflige Fälle lösen darf. Pustekuchen! Alles ruhig auf dem Hof und niemand braucht meine Spürnase. Meine schöne Detektivkappe hängt als Andenken an einem Haken in meiner Box und verstaubt. Selbstredend wünsche ich mir keinen bitterbösen Verbrecher herbei. Am Ende würde der meiner allerbesten Menschenfreundin Bine etwas zuleide tun und das will ich unter keinen Umständen. Aber so eine klitzekleine Herausforderung – wenigstens ein verlorenes Hufeisen oder eine verlegte Brille, die ich aufstöbern könnte ... Ach was, das wäre ohnehin unter meiner Würde. Ich sollte froh sein, dass alles in Ordnung ist, und lieber noch ein Stück Apfel essen.

Gerade als ich mich zu einer rotbackigen Frucht herunterbeugen will, spüre ich, wie etwas meine hintere Flanke streift.

»He!« Unwillig drehe ich mich um. Da ist doch glatt ein Apfel vom Baum gefallen und hat mich angegriffen. Na, der kann was erleben! Den werde ich mir gleich einverleiben. Als ich zubeiße, scheint plötzlich der Baum neben mir zu erbeben. Ich will eilig wegspringen, aber zu spät. Unter lautem Gepolter prasseln zahllose Äpfel auf mich herab. Sie bombardieren meinen Rücken, mein Hinterteil und meinen Kopf, als ob ich in einen Hagelschauer geraten wäre. Mit apfelgroßen Hagelkörnern – autsch! Sekunden später ist der Spuk vorbei und ich schüttle mich völlig verdattert. Wie konnte das denn passieren? Es war doch alles ruhig und dann ... Einen Apfel, der sich zufällig haargenau dann dazu entschließt, herunterzuplumpsen, wenn ich unter dem Baum stehe, lasse ich mir ja noch gefallen. Aber ein ganzer Korb voll!? Da höre ich hinter dem Baum ein leises »Iah-haha, iahhaha.«

Dieses Lachen würde ich unter Hunderten erkennen. Nur ein Esel lacht so.

Augenblicklich schlägt mein Erstaunen in Zorn um. Das hätte ich mir denken können! Diese Nervensäge steckt also hinter dem Apfelsturm. Dem werde ich jetzt was erzählen! Wütend umrunde ich den Baumstamm und baue mich vor Emil auf.

»Bist du vom wilden Hengst gebissen worden? Wieso beschmeißt du mich mit Äpfeln?«

Emil lässt verlegen die langen, grauen Ohren hängen.

»Wollte ich doch gar nicht.«

»Ach was, und warum tust du es dann?«, schnaube ich sauer.

»Ich habe doch nur ein bisschen mit den Hinterbeinen am Baum gerüttelt, damit du eine bessere Apfelauswahl hast.«

»Das kannst du deiner Großmutter erzählen. Oder Paula. Die ist vielleicht gutmütig genug, dir das zu glauben.«

Paula ist Emils Besitzerin und würde wirklich alles für ihren Esel tun. Bis auf diesen kleinen Schönheitsfehler ist sie in Ordnung. Fast so nett wie meine Menschenfreundin Bine. Aber eben nur fast.

»Ehrlich! Ich habe gehört, dass die besten Äpfel immer ganz oben wachsen, und da wollte ich dir helfen ...«

Emil sieht mich treuherzig mit seinen dunkelbraunen Augen an.

»Ach du grünes Gurkenstück! Emil, du bringst uns mit deinen Aktionen noch in Teufels Küche!«

»Warum?«

Es ist zum Aus-dem-Fell-fahren, dieser Esel muss noch viel lernen!

»Weil wir nur das Fallobst fressen dürfen. Onkel Otto wird sonst stinksauer.«

»Verstehe ich nicht, die Äpfel sind doch heruntergefallen«, sagt Emil.

Ich schüttle energisch den Kopf: »Aber nicht von selbst, sondern weil du die Ernte übernommen hast.«

»Ja und? Vielleicht ist er mir sogar dankbar, dass ich ihm die Arbeit abgenommen habe.«

Dieser Esel treibt mich gleich in den Wahnsinn! Er hat von sachgemäßer Apfelernte keine Ahnung.

»Bestimmt nicht. Die Äpfel haben jetzt alle Druckstellen. So kann Onkel Otto sie nicht mehr verkaufen.«

An Emils schuldbewusstem Blick merke ich, dass er langsam anfängt zu begreifen. Aber zugeben will der sture Kerl das nicht. »Verkauft er sie eben nicht, sondern wir futtern sie auf. Mir macht so eine kleine Delle nichts aus.«

»Mich wundert es nicht mehr, dass Bauer Haferkorn so einen Fresssack wie dich loswerden wollte.«

»Du musst reden. Ich verdiene mir wenigstens mein Futter!«

»Dass ich nicht wiehere. Womit bitte schön verdienst du dir das?«

»Ich ziehe die Kutsche für Besucher.«

»Und du meinst, einmal in der Woche Gäste durch die Gegend zu fahren genügt für die Unmengen Heu und Rüben, die du vertilgst. Vielleicht sollte Tante Jo dich nur einmal wöchentlich füttern.«

»Besser als du. Du frisst mehr und tust gar nichts«, blafft Emil mich an.

»Ich gebe Reitunterricht!«, schnauze ich beleidigt zurück.

»Reitunterricht nennst du das? Du trödelst mit Bine durch die Gegend. Das ist keine Arbeit, sondern Spaß!«

»Wer sagt, dass Arbeit keinen Spaß machen darf? Außerdem bin ich der Detektiv auf dem Hof!«

»Iah-haha, ein Detektiv mit nur einem gelösten Fall!«

»Für dich werde ich nie wieder den Kopf hinhalten, geschweige denn einen Knicks bei Tante Jo machen! Das nächste Mal überlasse ich dich Metzgermeister Wutig!«

Inzwischen stehen wir uns beide mit geblähten Nüstern gegenüber und wiehern uns lautstark an. So sauer war ich noch nie auf jemanden. Dieser Esel ist wirklich das Aller-, Allerletzte!

Emil geht baden

Keine Ahnung, was passiert wäre, wenn nicht zwei sehr vertraute Stimmen nach uns gerufen hätten.

»Hopper!«

»Emil!«

»Wo steckt ihr?«

Gleichzeitig richten der Esel und ich die Ohren auf und lauschen.

»Das sind Paula und Bine«, sagt Emil.

»Das sind Bine und Paula«, sage ich.

Ich werfe Emil einen letzten, abfälligen Blick zu, dann galoppiere ich los. Hinter mir höre ich, dass er ebenfalls voranprescht. Keine Chance! Ich weiß den Weg durch die Apfel-

gärten einfach viel besser und kenne jede Abkürzung. Triumphierend schnaube ich, als ich als Erster bei den Mädchen eintreffe. Die beiden stehen untergehakt auf der Allee und winken mir fröhlich entgegen.

»Hallo Hopper, wo steckt Emil?«, begrüßt Bine mich und krault mich hinter den Ohren.

Der soll bleiben, wo der Pfeffer wächst, würde ich am liebsten antworten. Leider würde sie das nicht verstehen. Bine weiß zwar für einen Menschen erstaunlich oft, was ich ihr mitteilen will. Aber alles kapiert sie nicht. Besonders, wenn es um Emil geht.

Sie und Paula sind seit unserem Detektivfall richtig dicke Freundinnen geworden. So was erkenne ich aus Erfahrung. Ständig glucken sie zusammen, kichern und tuscheln. Und deshalb denken sie, es müsste auch Emil und mich nur noch im Doppelpack geben. Sie bringen Emil auf meine Weide, obwohl er ebenso gut auf der Privatkoppel aufgehoben wäre. Bine bittet mich ständig, mich um Emil zu kümmern, ihm alles zu zeigen und zu erklären, was auf dem Hof wichtig ist. Wir werden nebeneinander zum Putzen hingestellt, und die beiden Mädchen freuen sich, wenn sie denken, dass wir zusammen spielen. Dabei streiten wir uns in solchen Augenblicken meistens.

Paula meinte neulich sogar zu Bine: »Sieh mal, Hopper schiebt Emil die besten Häppchen zu.« Da wurde Bine allerdings doch skeptisch:

»Ich weiß nicht recht, eigentlich ist er mit seinem Futter nicht so großzügig.«

Stimmt genau! Ich habe meine Leckerbissen vor Emil in Sicherheit gebracht. Nicht mit ihm geteilt! Nur weil Bine Paula etwas von ihrem Eis abgibt, muss ich noch lange nicht Emil von meinen Gürkchen abbeißen lassen. Trotzdem reißen wir uns immer ein bisschen zusammen, wenn die beiden Mädchen anwesend sind. Denn das ist unsere einzige Gemeinsamkeit: Wir haben unsere Menschenfreundinnen sehr, sehr gerne und wollen ihnen keinen Kummer bereiten.

So auch heute. Als Emil endlich um die Ecke biegt, grinse ich ihm zwar schadenfroh entgegen, weil er so langsam war. Aber unser Zoff wird erst mal begraben. Vor allem, als wir hören, was Bine und Paula vorhaben.

»Wir wollen einen Ausflug machen. Mit allem Drum und Dran. Habt ihr Lust?«

Ich nicke heftig. Aus dem Augenwinkel

kann ich sehen, dass Emil dasselbe tut. Er hat bestimmt ebenfalls den großen Picknickkorb entdeckt, der neben Bine auf dem Boden steht.

Was für eine großartige Idee! Im leichten Trab laufen wir durch den Wald. Bine auf meinem Rücken juchzt vor Freude und ich schnaube fröhlich zurück. Selbstverständlich haben wir die Führung übernommen, denn wir kennen die Reitwege viel besser als Paula und Emil.

Und Emil soll lieber auf mein Hinterteil gucken als andersherum. Das passt ihm gar nicht und er ruft mir zu: »Warte nur, nachher auf der Galoppwiese hänge ich dich ab!«

Davon träumt er wohl.

»Ihr lahmen Esel könnt doch gar nicht richtig galoppieren!«, schreie ich zurück.

Können sie doch, stelle ich kurz darauf fest. Ich muss mich ganz schön anstrengen, damit Emil mich nicht überholt. Nur mit einer winzigen Nasenlänge Vorsprung erreichen Bine und ich als Erste das Ende der Galoppstrecke. Wie gut, dass Bine so ein Fliegengewicht ist und die Paraden besser beherrscht als Paula. Ich schnaufe schwer und sehne mich nach Abkühlung.

»Iah-haha, du hast dich von einem lahmen Esel ordentlich ins Schwitzen bringen lassen!«, sagt Emil.

»Bilde dir nichts ein. Es ist einfach heiß heute«, gebe ich ärgerlich zurück.

Bine fallen meine Schweißtropfen ebenfalls auf. »Was hältst du davon, wenn wir unsere Lieblinge ein wenig trocken reiten und uns dann mit ihnen ein Bad im See gönnen?«, fragt sie Paula.

Paula wiegt bedächtig den Kopf: »Meinetwegen gerne. Ich befürchte allerdings, Emil ist kein großer Wasserfan.«

Ich kann mir das Wiehern nicht verkneifen: »Ho, haha, du bist wasserscheu!«

»Stimmt gar nicht!«, behauptet Emil.

Aber als wir vier am See ankommen, weiß ich, dass er gelogen hat. Bine und Paula nehmen uns die Sättel ab. Dann springen sie in ihren Badeanzügen ins kühle Nass. Fröhlich will ich ihnen folgen. Emil bleibt zurück. Ich drehe mich um.

»Fürchtest du dich doch?«

Emil spielt nervös mit seinen Ohren: »Nein, nein, aber geh ruhig schon mal voraus. Ich komme später nach.«

»Was heißt hier später? Später reiten wir wieder nach Hause. Jetzt oder nie!«, stachle ich ihn an.

»Dann lieber nie«, murmelt Emil leise.

»Du willst dir den ganzen Spaß entgehen lassen? Mit Bine und Paula zu schwimmen ist fantastisch.«

Meine Überredungskünste fruchten wenig. Ich schreite zur Tat, schnappe nach seiner Mähne und will ihn zum Wasser ziehen. Dummerweise sind seine Mähnenhaare viel, viel kürzer als meine und ich bekomme ihn nicht ordentlich zu fassen. Also stelle ich mich hinter ihn, drücke und schiebe was das Zeug hält. Doch Emil stemmt die Hufe felsenfest in den Boden und rührt sich keinen Millimeter.

»Warum bist du so ein Feigling?«, bohre ich nach. »Sonst nutzt du jede Gelegenheit für einen Wettkampf mit mir. Und heute willst du mich beim Schwimmen gewinnen lassen?«

»Dann gewinnst du eben. Dafür holen dich die Wassergeister.«

»Die waaas?« Völlig verwirrt sehe ich Emil an.

»Die Wassergeister, die versuchen, alle Lebewesen zu verschlingen, wenn sie ihnen zu nahe kommen. Jede Eselmutter erzählt schon ihren Fohlen von ihnen. Deshalb wissen wir Esel Bescheid und gehen niemals schwimmen.«

»So ein Blödsinn. Du trinkst doch Wasser, ohne Angst zu haben.«

»Das ist etwas anderes!«, beharrte Emil.

»Das ist gar nichts anderes. Wenn es diese Wassergeister wirklich gäbe, dann müssten sie auch in deinem Trinkwasser wohnen.«

Emil kräuselt die Nase. Das macht er ständig, wenn er fieberhaft nachdenkt. Immerhin habe ich ihn zum Grübeln gebracht. Jetzt fehlt nur noch ein kleiner Schubs und ich habe ihn so weit. Ich weiß auch schon, wie ich es anstellen muss! Laut und bedächtig sage ich: »Außerdem wundere ich mich sehr, dass du deine Paula mit diesen gefährlichen Wesen alleinlässt. Ich für meinen Teil werde sofort zu Bine gehen und sie beschützen!«

Und ohne ihn weiter zu beachten, stapfe ich los.

Jawollja! Es funktioniert. Noch bevor ich am See bin, rast Emil an mir vorbei. Kurz vor dem unheimlichen Nass stoppt er für einen Moment. Er beißt die Zähne zusammen und tippt mit seinem rechten Vorderhuf auf die

Wasseroberfläche. Als nichts geschieht, rückt er ein Stück vor. Ich verkneife es mir, zu drängeln. So gut kenne ich ihn inzwischen – die letzten Meter muss er freiwillig überwinden oder er bockt total und keine zehn Großpferde bringen ihn jemals ins Wasser.

Emil steht schon bis zum Bauch im Wasser, als Paula ihren Liebling entdeckt. Begeistert ruft sie: »Jippi , mein Esel kann doch schwimmen. Hierher, Emil, komm zu mir!«

Wie ein nasser Sack lässt Emil sich ins Wasser plumpsen und treibt auf seine Freundin zu. Deutlich eleganter gleite ich in den See und paddle zu Bine.

Wir schwimmen um die Wette, ziehen die Mädchen ein Stück durch den See und spritzen uns gegenseitig nass. Emil hat seine Bedenken völlig vergessen und tobt im Wasser, als hätte er nie etwas anderes gemacht. Ich bin sehr zufrieden mit meinem Erfolg, auch wenn ihn niemand zur Kenntnis nimmt, sondern alle Emil bejubeln.

Bine schlingt ihre Arme um meinen Hals und flüstert mir ins Ohr: »Keine Ahnung, wie du das angestellt hast, Hopper. Aber Emil das Schwimmen beizubringen war großartig von dir!«

Bine ist die klügste, beste Menschenfreundin, die es gibt!

Ein Quieken im Gebüsch

Viel zu schnell geht der wunderschöne Ausflug zu Ende. Wir haben viel Spaß zu viert. Beinahe vergesse ich, dass ich Emil nicht leiden kann. Bestens gelaunt trudeln wir wieder auf dem Hof ein. Zum krönenden Abschluss versprechen uns Bine und Paula eine ausgiebige Putzkur. Als Bine die Striegel holen will, hören wir plötzlich ein klägliches Wimmern. Das kommt eindeutig vom Hoftor. Ob sich eines der anderen Ponys verletzt hat? Kira wird sich doch nicht die Fesseln gestoßen haben und allein herumhumpeln? Ich muss sofort nachsehen.

Bine, Paula und Emil stürmen ebenfalls vors

Tor. Draußen blicken wir uns ratlos an. Nichts zu sehen. Aber da war eindeutig dieses Quieken. Wir haben es alle vier gehört. Das können wir uns nicht eingebildet haben. Mein Detektivsinn sagt mir, dass ich genauer hinsehen muss. Manches bemerkt man erst auf den zweiten Blick. Aufmerksam spitze ich also die Ohren und blicke mich um. Da! Ein klagender Laut scheint aus dem Gebüsch neben dem Eingang zu kommen. Ich beuge mich ganz dicht über die Äste. Aua! Hätte ich das lieber gelassen. Erschrocken ziehe ich mein Maul zurück. Ein Zweig hat mich gepiekst. Ausgerechnet an meiner empfindlichsten Stelle. So eine Gemeinheit! Mitleidheischend drehe ich mich zu Bine um. Aber die ist schon mit Paula an mir vorbeigeeilt und tastet sich durch die Büsche. Ich will sie warnen, aber die Mädchen stehen schon mittendrin. Bine hält einen Kartondeckel in die Höhe:

»Ah, sieh mal, wie süß!«

Hä? Was bitte kann süß sein, das mich so hinterhältig angreift? Paula teilt Bines Meinung: »Och, sind die niedlich!«

Neugierig äuge ich über Bines Schultern. Und erkenne:

Vier zerrupfte Putzlappen – ach nein, es sind Beine dran.

Katzen – besser gesagt, Katzen im Miniformat. Sie können noch kaum die Augen offen halten und sind so klein, dass sie locker in Bines Hand passen. Bine hat nämlich einen

von den Zwergen hochgenommen und kriegt sich kaum noch ein vor Begeisterung. »Mensch, Paula, wie kommen die hierher? Die sind kaum älter als eine oder zwei Wochen.«

Paula runzelt die Stirn: »Keine Ahnung. Sieht ganz danach aus, als ob sie jemand ausgesetzt hat.«

»Wer macht denn so was?«, fragt Bine erschrocken.

»Ich verstehe es ja auch nicht. Aber leider gibt es immer wieder Bauern, die den Nachwuchs ihrer Hofkatzen nicht mit durchfüttern wollen«, erklärt Paula.

»Dann müssen wir ihnen helfen! So, wie die Kleinen miauen, haben sie bestimmt schrecklichen Hunger!«, sagt Bine.

Na gut, dass verstehe ich. Wenn mir der Magen knurrt, werde ich auch ungemütlich. Die Kleinen können einem fast leidtun, denn sie scheinen noch nicht in der Lage zu sein, sich selbst Futter zu beschaffen.

Emil hinter mir sagt: »Unsere Fellpflege fällt wohl aus.«

»Das befürchte ich auch«, stimme ich ihm zu, denn Bine und Paula haben nur noch Augen für die Katzenbabys. Jede trägt zwei von ihnen auf den Hof. Es geht nur noch darum, wo sie die Kleinen am besten unterbringen und woher sie geeignetes Futter bekommen.

Tante Jo, die zufällig über den Platz stiefelt, ist sofort genauso Feuer und Flamme wie unsere Freundinnen.

»Ach, die armen Würmchen! Bringt sie in den Heuschober. Ich hole Spezialmilch und Fläschchen. Wird viel Arbeit, die Kleinen durchzubringen, aber wir schaffen das schon!«

Sie springt sofort in ihr altes, knatterndes Auto und braust zu unserem Tierarzt Dr. Gründlich, um alles zu besorgen.

Meine Hoffnung, dass wieder alles beim Alten ist, sobald die Fellbündel versorgt sind, wird bitter enttäuscht. Katzenbabys brauchen alle zwei Stunden Futter und müssen ständig gereinigt, gestreichelt und bestaunt werden. Als ich mir meinen Fünf-Uhr-Snack abholen will, scheucht mich Bine davon: »Ich habe jetzt keine Zeit für dich! Du siehst doch, die Kätzchen brauchen mich.«

Ist das zu fassen? Diese Kratzbürsten werden kugelrund gefüttert und ich muss verhungern?

»Iah-haha«, lacht Emil, »Du bist zu verwöhnt, Hopper! Wenn ich mir deinen Bauch so ansehe, dann kann es gar nichts schaden, wenn du mal für ein paar Tage auf deine Zusatzration verzichten musst.«

Wütend schnaube ich ihn an: »Dir wird das Lachen vergehen, wenn Paula dich wegen diesen dämlichen Katzen völlig vergessen hat!«

»Das würde Paula nie tun!«, behauptet Emil.

Wie gerufen erscheint Paula auf dem Innenhof. Voll bepackt mit einem Körbchen, einer Decke und zwei Schlafsäcken, schlingert sie an Emil und mir vorbei, ohne uns eines Blickes zu würdigen.

»Habe ich es nicht gesagt!« Diese Bemerkung kann ich mir nicht verkneifen. Emil will es nicht wahrhaben. Er trottet zu Paula und baut sich erneut vor ihr auf. Was erwartet er? Dass sie alles fallen lässt und ihn hinter den Ohren krault?

Stattdessen ruft Paula: »Emil, geh mir aus dem Weg. Du siehst doch, dass ich die Hände voll habe. Bine und ich wollen heute im Heuschober schlafen, damit wir die Katzenjungen nachts regelmäßig füttern können!«

Wie einem UFO glotzt Emil

seiner Paula hinterher. Ich würde mich gerne über ihn lustig machen, wenn es nicht so traurig wäre.

»Hat Bine schon mal bei dir im Stall übernachtet, um dich die ganze Nacht zu füttern?«, fragt Emil fassungslos.

»Ja«, gebe ich zu, »einmal hat sie so was in der Art gemacht. Ich hatte mir eine Kolik eingefangen, und sie hat mich bewacht, damit ich mich nicht hinlege und alles schlimmer mache.«

Emils Miene verfinstert sich noch mehr: »Müssen wir erst krank werden, damit uns die beiden wieder beachten?«

»Lieber nicht, das ist ganz schön schmerzhaft.«

In Erinnerung daran schüttele ich mich energisch.

»Hast du einen besseren Vorschlag?«, will Emil wissen.

»Wir müssen Bine und Paula klarmachen,

dass wir ihre wirklichen Freunde sind«, sage ich.

Emil stampft mit dem Huf auf: »Am besten wäre es, die Kratzbürsten würden wieder verschwinden.«

»So machen wir es«, rufe ich, »du bist gar nicht so schlecht!«

»Aber Hopper«, sagt Emil, »wir können die Kleinen nicht rauswerfen. Sie sind völlig hilflos und Bine und Paula würden das niemals zulassen.«

»Das weiß ich auch, Schlaumeier, aber hast du schon einmal daran gedacht, dass Katzenbabys nicht einfach so aus dem Nichts auftauchen?«

»Paula hat doch vermutet, dass sie ausgesetzt wurden, weil jemand sie genauso wenig haben wollte wie wir«, sagt Emil.

Ich will nicht so schnell aufgeben: »Möglich. Dann haben wir Pech gehabt und werden uns wohl oder übel weiter um die Plagegeister kümmern müssen. Aber ist dir aufgefallen, dass in den Pappdeckel Luftlöcher geschnitten wurden?«

»Ja und?«

»Schalte dein Hirn ein, Emil! Wieso sollte sich jemand die Mühe mit den Löchern machen, wenn ihm die Kätzchen ganz egal wären? Vielleicht sind sie ihrem Besitzer nur versehentlich verloren gegangen und er freut sich, sie wiederzubekommen.«

»Und wie willst du den Besitzer finden?«, fragt Emil.

»Erkläre ich dir gleich. Aber vorher muss ich noch etwas holen!«

Hopper und Emil auf Spurensuche

Ich lasse den verdutzten Emil stehen und trabe zu meiner Box. Da hängt sie. Meine Detektivmütze. Ich habe mir meinen nächsten Fall zwar etwas anders vorgestellt, aber was soll's. Ein guter Detektiv übernimmt jede Aufgabe.

Auf dem Hof soll man merken, dass Ponydetektiv Hopper im Einsatz ist. Geschickt angle ich nach der karierten Kappe und lasse sie mir auf den Kopf plumpsen. Jetzt bin ich bereit!

Als ich zu Emil zurückkomme, guckt er mich fragend an.

»Wie soll uns dieses Ding auf deinem Kopf weiterhelfen?«

»Erstens ist das Teil meiner Detektivausrüstung, und zweitens hat sie mir schon einmal Glück gebracht, als ich damals nach dir gesucht habe. Und Glück können wir gebrauchen.«

»Hast du etwa noch mehr Ausrüstung als das da?«, erkundigt sich Emil skeptisch.

»Selbstverständlich«, erkläre ich würdevoll, »meinen glasklaren Verstand und meinen Assistenten.«

»Und wer bitte schön soll dieser As-Dingsbums sein?«

Ich verdrehe die Augen.

»Du natürlich. Oder hast du schon vergessen, worum es geht?«

»Ich soll mit dir zusammen den Besitzer der Katzenjungen suchen?«

Ich seufze kellertief. Zu dumm, dass »Dr. Bine Watson« diesmal nicht zur Verfügung steht.

»Siehst du hier sonst noch jemanden, der infrage kommt?«

»Aber ich weiß nicht, wie man das macht«, gibt Emil zu.

»Kannst du getrost mir überlassen.«

»Und wo fangen wir an?«

Das ist der wunde Punkt. Ich habe ehrlich gesagt keinen blassen Schimmer. Aber das will ich mir nicht anmerken lassen. Schließlich bin ich der Meisterdetektiv und das will ich unter Beweis stellen. Ich beschließe:

»Wir müssen zusammentragen, was wir über die Katzen wissen.«

»Aber wir wissen doch nur, dass sie noch sehr jung sind und in dem Gebüsch neben dem Hoftor lagen«, meint Emil.

»Eben, deshalb sehen wir dort als Erstes

noch einmal nach!«, bestimme ich und gehe voran.

Zugegeben, viel Hoffnung habe ich nicht, dass wir dort weiterkommen. Doch einen Versuch ist es wert.

Vorsichtig luge ich durch die dichten Blätter. Ungefähr hier müssen der Karton und der Deckel liegen. Bine und Paula haben beides nicht mitgenommen. Ich habe keine Lust, mir noch einmal das Maul zu zerkratzen wie beim letzten Mal. Wozu habe ich einen Assistenten?

»Ich glaube, dort hinten ist die Schachtel. Kannst du die Äste so auseinanderdrücken, dass ich sie herausziehen kann?«

Emil ist prima – er schlägt sich sofort in die Büsche und stampft mit seinen Vorderhufen das Gestrüpp beiseite. Jetzt kann man die Kiste deutlich erkennen. Behutsam kicke ich sie auf den Weg. Dann beschnuppere ich sie ausgiebig und laufe einmal darum herum, damit ich sie von allen Seiten in Augenschein nehmen kann. Emil kommt wieder aus seinem Gebüsch heraus und sieht mir interessiert zu.

»Hast du schon etwas entdeckt?«

»Außer den Luftlöchern im Deckel leider nicht«, sage ich enttäuscht. »Ich habe gehofft, dass die Kiste einen Aufdruck hat, der uns mehr über den Besitzer verrät. Oder dass sie wenigstens nach etwas Auffälligem riecht.«

»Und?«

»Siehst du doch. Kein einziger Buchstabe. Es ist ein ganz normaler, brauner Karton. Davon gibt es Zigtausende in der Umgebung.«

»Riechst du denn wenigstens etwas?«

»Du kannst gerne mitschnuppern. Ich erkenne nur den Katzenmief.«

Emil saugt lautstark Luft durch seine Nüstern und schnüffelt wie ein Walross. Das ist sehr komisch, bringt uns aber leider trotzdem kein anderes Ergebnis. Schweigend stieren wir die Schachtel an. So eine schöne Spur und nichts dahinter. Ich könnte mich in den Schweif beißen. Bestimmt fragt Emil gleich wieder, was wir tun sollen, und ich habe keine Antwort darauf.

Erstaunlicherweise sagt er etwas anderes:

»Hast du schon untersucht, was *in* der Kiste liegt?«

Wie, was, wo? Ist das zu glauben? Emil hat recht, es liegt etwas in der Schachtel. Ich hätte es beinahe übersehen, weil ich so mit der Außenseite und dem Deckel beschäftigt war.

Vermutlich bin ich etwas aus der Übung. Werde ich lieber nicht zugeben!

»Äh, jaja, das wollte ich mir als Nächstes ansehen.«

Ich beuge mich sofort über den Kartonrand. Etwas Gelb-Oranges leuchtet mir entgegen. Mit den Zähnen packe ich zu und ziehe daran. Immer länger und länger wird die Wollschlange, die ich zutage fördere.

»Ein Schal«, stelle ich fest. »Derjenige, der die Katzen abgestellt hat, wollte nicht nur, dass sie Luft bekommen, sondern auch, dass sie es weich haben.«

Der gelb-orange Schal

»Wir müssen also nur herausfinden, wem der Schal gehört, dann wissen wir auch, woher die Kätzchen kommen«, meint Emil.

»Ich fürchte, so einfach wird es nicht. Der Schal könnte theoretisch jedem gehören.«

Hier ist meine Spürnase gefragt. Ich sehe mir jeden einzelnen Wollfaden haargenau an. Aber ich kann nichts ausmachen, das uns weiterbringt. Keine eingestickten Anfangsbuchstaben, keine auffälligen Haare. Ich bin mir bloß sicher, dass er gebraucht und nicht neu ist. Er hat zwar keine Löcher, aber an einigen Stellen ist die Wolle schon recht dünn und hat Fäden gezogen. Und ein paar Schmutzflecke hat das gute Stück auch. Die frischeren stammen vermutlich von den Katzenbabys, aber die eingetrockneten müssen schon vorher dagewesen sein. Was mich allerdings stutzig macht, ist ein Schal im Sommer. Wer schleppt bei dieser Hitze so was mit sich herum?

Ich teile Emil das Ergebnis meiner Untersuchung mit: »Wahrscheinlich wollte jemand dieses quietschbunte Teil ohnehin nicht mehr anziehen. Statt Altkleidersammlung hat er eben die Katzen darauf gebettet.«

»Schade drum«, findet Emil, »man hätte ihn noch prima als Fahne verwenden können, findest du nicht?«

»Als Fahne?«

»Ja, du weißt schon, auf Umzügen im Karneval oder so. Da winken die Menschen doch immer mit Fähnchen und alles ist bunt dekoriert.«

Da fällt bei mir der Groschen. Ich erinnere

mich an die festlichen Ritterturniere auf meiner Heimatburg. Jeder Ritter hatte seine eigenen Farben. Seine Kleidung, sein Schild, seine Lanze, der Schmuck seines Pferdes – kurz, einfach alles war in diesen Farben geschmückt. In der Umgebung von Gut Apfelbaum gibt es zwar keine Burg und keine Ritter, aber mir fällt etwas anderes ein, zu dem die Farben passen könnten.

»Emil, du bist genial!«, rufe ich.

»Echt?«

Emil kann es fast genauso wenig glauben wie ich. Aber er hat unabsichtlich das Rätsel des Schals geknackt. Oder besser – er hat den richtigen Anstoß gegeben. Ich muss einsehen, dass ich mehr als zufrieden mit meinem neuen Assistenten sein kann. Er stellt sich besser an, als ich erwartet habe. Und eigentlich ist er auch viel netter, als ich dachte. In harten Zeiten wie diesen kann man einen Kumpel wie ihn sehr gut gebrauchen. Ich beschließe insgeheim, von jetzt an freundlicher zu ihm zu sein. Wir müssen schließlich zusammenhalten, wenn wir Bine und Paula zurückerobern wollen.

»Ja, echt! Der Schal ist zwar nicht für Karneval, aber so ähnlich, glaube ich.« Ich gebe ihm einen sanften Stups.

»Aha, und für was genau?«

»Du wist schon sehen, komm mit!«, sage ich.

Emil ist natürlich wahnsinnig neugierig, wo wir hingehen. Doch ich verrate nichts. Ein bisschen Geheimnis muss sein. Außerdem will ich erst sicher sein, dass ich richtigliege. Wir müssen ein ziemliches Stück laufen, bevor wir unser Ziel erreichen. Endlich taucht vor uns eine riesige Wiese auf. Sie sieht ganz anders aus als unsere Weide. Der Rasen ist einladend grün, aber millimeterkurz gemäht. Mit dicken, weißen Streifen sind Linien und

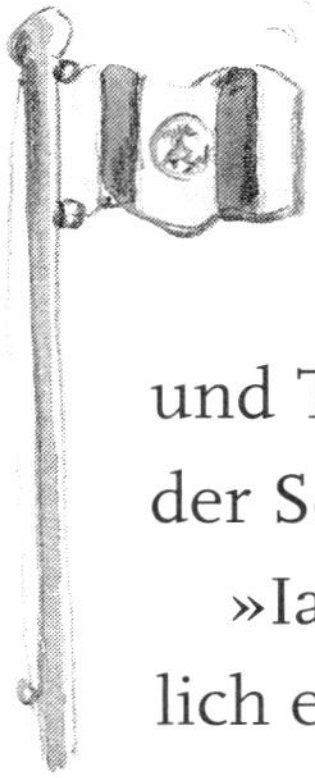

Kreise aufgemalt. Davor stehen hohe Stangen, an denen zwei Fahnen im Wind flattern. Sie sind – huhu und Tusch – gelb-orange. Haargenau wie der Schal.

»Iah-hurra«, ruft Emil, »du bist wirklich ein Meisterdetektiv!«

Das Lob macht mich ein wenig verlegen. Bislang kannte ich diesen Fußballverein nur vom Hören, weil sich ein paar Reitschüler von Apfelbaum einmal darüber unterhalten haben. Ihre Klassenkameraden und Brüder spielen dort und sie waren als Zuschauer eingeladen. Deshalb war ich mir auch wegen der Vereinsfarben nicht sicher.

Als Erstes will ich in Ruhe alles beobachten. Der Besitzer des Schals ist noch nicht entlarvt. Wir wissen bloß, wo wir suchen müssen. Neben dem Platz liegt ein kleines, flaches Gebäude. »FC Kicker« steht über dem Eingang. Hinter dem Haus können Emil und ich prima in Deckung gehen und um die Ecke spitzen. Nach und nach treffen immer mehr Jungs ein. Sie tragen gelbe T-Shirts und kurze, orange Hosen. Ich hatte gehofft, dass jeder seinen Vereinsschal um den Hals gebunden hat. Dann wäre es ganz einfach gewesen, herauszufinden, wer seinen an die Kätzchen »verliehen« hat. Aber anscheinend gehört der Schal nicht zwingend zur Fußballausrüstung, denn alle kommen ohne. Bei der Hitze verstehe ich das zwar, aber leider erschwert es meine Ermittlungen beträchtlich.

»Glaubst du, einer von denen hat die Katzen bei uns abgestellt?«, flüstert Emil, der sich hinter mir an die Hauswand drückt.

»Vermutlich«, wispere ich zurück.

»Schade, dass wir sie nicht ausquetschen können, wer seinen Schal und die Katzen vermisst«, findet Emil.

»Nein, das können wir nicht«, gebe ich zu.

Jetzt müsste Bine da sein. Sie könnte problemlos mit den Jungen reden. Aber Bine kümmert sich ja lieber um die kleinen Kratzbürsten und denkt gar nicht daran, den wahren Besitzer ausfindig zu machen. Missmutig knirsche ich mit den Zähnen. Es muss eine andere Lösung geben, um ihn zu finden. Gleichzeitig will ich auskundschaften, warum er die Kleinen in eine Kiste gesteckt hat. Es könnte ja immer noch sein, dass er ein gewissenloser Schuft ist, der die Kätzchen verhungern lassen wollte. Bevor ich das nicht ausschließen kann, bekommt er weder sie noch den Schal wieder!

Ich werde den Kerl aus der Reserve locken. Ja genau! So mache ich es! Ich muss ihn überraschen. Ihn dazu bringen, sich zu verraten. Er wird Emil und mich unterschätzen. Denken, er hätte ein leichtes Spiel mit uns, und dann können wir ihn in die Falle locken. Ein riskanter Plan, aber es könnte funktionieren.

Hopper kickt

Ich drehe mich zu Emil um und erkläre ihm meinen Einfall. Emil sieht mich ängstlich an: »Das klingt aber ganz schön gefährlich!«

»Ach was, die Jungs sind kaum älter als Bine und Paula. Mit denen werden wir schon fertig. Aber wir haben nur einen Versuch!«

»Was soll ich dabei tun?«

»Augen und Ohren offen halten und im richtigen Augenblick den Rückzug decken, verstanden?«

Emil nickt zögerlich.

Ich blicke ihm scharf in die Augen.

»He, ich muss mich auf dich verlassen können, sonst klappt es nicht. Denk daran, es geht um Bine und Paula, um unsere allerbesten Freundinnen!«

»Iah-ja, ich gebe mein Bestes, versprochen!«

»Schon besser«, sage ich und wende mich wieder dem Fußballfeld zu.

Inzwischen hat sich die komplette Mannschaft versammelt. Ein grauhaariger Mann im Trainingsanzug brüllt: »Drei Platzrunden zum Aufwärmen!«

Gehorsam laufen die Jungen los und umrunden mehrere Male das Feld. Ein paar sind danach ordentlich aus der Puste. Doch der Trainer kennt keine Gnade.

Liegestütze, im Zickzackkurs über ausgelegte Hindernisse auf dem Feld, fallen lassen – über den Platz rollen und wieder aufstehen ...

Fußball ist mindestens genauso anstrengend wie eine echte Dressurreitstunde, stelle ich fest. Dabei ist bis jetzt noch nicht einmal ein Ball im Einsatz. Hoffentlich kommt das bald, denn auf diesen Augenblick warte ich.

»Kannst du mir helfen, einen Knoten zu machen, damit ich ihn nachher nicht verliere?«, bitte ich Emil.

Ich habe mir den Schal um den Hals gelegt und mit einiger Mühe die Enden miteinander verschlungen. Knotenbinden ist einer der Tricks, die ich bei dem menschlichen Lord Hopkins gelernt habe. Allerdings bisher nie, um etwas an meinem Hals zu befestigen, sondern wir haben zum Abschluss unserer Show immer einen Knoten in ein übergroßes, weißes Taschentuch – eigentlich ein Bettlaken – geknüpft. Die Zuschauer sollten es uns nachmachen, damit sie an unseren nächsten Auftrittstermin denken. Es ist eine alte Tradition, dass ein Knoten im Taschentuch einen an etwas Wichtiges erinnert, das man nicht vergessen will.

Ich halte ein Ende fest und statt meines Lords muss heute Emil am anderen Ende des Schals zerren.

Nach dieser Aktion sitzt der Schal wie angegossen um meinen Hals. Zur Sicherheit tänzle ich auf der Stelle und wackle mit dem Kopf, um zu prüfen, dass er nicht verrutscht.

Inzwischen teilt der Trainer die Kicker in zwei Gruppen ein. Zum ersten Mal entsteht Unruhe.

»Ich will mit Patrick in einer Mannschaft spielen!«

»Och nö, Sebastian hält doch nie einen Ball!«

»Wieso darf ich nicht in den Sturm?«

»Das ist ungerecht, die anderen sind einer mehr!«

Emil und ich nutzen den Tumult und pirschen uns langsam an das Spielfeld heran.

Anpfiff!

Ich warte, bis mir der Trainer den Rücken zudreht. Dann erkläre ich mich selbst zum Mitspieler der Mannschaft, die einen Spieler weniger hat. Die Jungen kriegen große Au-

gen, als sie mich entdecken. Ich nutze das Überraschungsmoment und schnappe mir den Ball. Dribbeln links, Dribbeln rechts, Haken schlagen, und schon bin ich vorbei am ersten Gegner. Ein ganz Waghalsiger versucht, mir den Ball abzujagen, aber er grätscht ins Leere. Ich gebe das Leder an einen Mitspieler ab. Als der in Bedrängnis gerät, bin ich sofort wieder zur Stelle und übernehme. Vor mir taucht das

Tor auf. Der Torhüter steht breitbeinig davor und klatscht in seine gepolsterten Handschuhe. Will sich bestimmt Mut machen! Ich rase auf ihn zu. Beinahe wäre ich über das runde Ding vor meinen Beinen gestolpert, kann mich aber gerade noch rechtzeitig fangen und den Ball unter Kontrolle bringen. Ich bremse ab und schätze die Entfernung. Knapp zwanzig Meter. Ich war so schnell, dass kaum einer meiner Mitspieler hinterhergekommen ist. Selbst ist das Kicker-Pony! Ich nehme Maß und schieße. In hohem Bogen fliegt der Ball auf das Tor zu. Der Torwart streckt sich lang und länger. Er fliegt meinem Geschoss entgegen. Keine Chance! Mit Volldampf landet der Ball im Netz.

»Toooooor!«, jubelt meine Mannschaft wie aus einem Mund.

»Das gilt nicht!«, rufen die anderen.

Um mich herum hat sich ein Pulk gebildet. Alle brüllen durcheinander. Da bahnt sich der

Trainer einen Weg durch die Menge. Er lacht über das ganze Gesicht und klopft meinen Hals. »Meisterhafte Beinarbeit! Daran solltet ihr euch mal ein Beispiel nehmen.«

Triumphierend werfe ich den Kopf in die Höhe. Ein braunhaariger Junge neben mir meldet sich zu Wort. Auf seinem Rücken prangt die 18.

»Kann das Pferd nicht bei uns mitspielen?«

»Ich fürchte, das geht nicht, Jonas. Wir wissen nicht mal, wo es so plötzlich herkommt.«

Jonas lässt nicht locker: »Aber es ist ein echter Fußball-Fan. Schauen Sie doch, es hat sogar unseren Schal um!«

»Der gehört ihm aber gar nicht«, meldet sich die 7 aus der anderen Gruppe zu Wort.

Ich werde hellhörig und sehe genauer hin. Deshalb kann ich beobachten, wie sein Nachbar mit der 9 ihm einen Rempler mit dem Ellenbogen verpasst.

»Wem gehört der Schal denn?«, fragt der

Trainer, aber die 7 presst die Lippen zusammen und zuckt nur noch mit den Schultern.

»Ich glaube, es ist besser, ich erkundige mich mal bei den Bauernhöfen in der Umgebung, ob dort jemand ein schwarzes Pony vermisst. Wir machen Schluss für heute!«, verkündet der Trainer.

Zeit für den zweiten Teil meines Plans. Ich verdrücke mich zu Emil an den Spielfeldrand.

»Behalte die 9 und die 7 im Auge!«

»Die was?«, fragt Emil.

»Sag bloß, du kannst nicht zählen?«, schnaube ich zurück.

»Doch, bis drei«, behauptet Emil stolz.

Das Problem löst sich ganz von selbst, ohne dass ich Emil in aller Eile die Zahlen beibringen muss. Die beiden Jungen, die ich meine, schlendern betont harmlos auf uns zu.

»Pass auf, die führen was im Schilde!«, raune ich Emil zu.

»Komm, liebes Pferdchen«, lockt der Kleinere mit der 7. Er hält mir einen Lutscher hin. Die haben wirklich gar keine Ahnung von Pferden. Zucker ist verdammt schlecht für unsere Zähne. Und mir persönlich sind Gurkenstückchen lieber. Trotzdem würde ich normalerweise zu einer Extra-Schleckerei nicht Nein sagen. Aber ich ahne, dass die beiden etwas ganz anderes vorhaben. Ich wiege sie noch ein wenig in Sicherheit und lasse sie ein Stückchen herankommen. Dann weiche ich zurück.

»He, du verrückter Gaul, bleib stehen und gib Tim seinen Schal zurück!«

Die 9 lässt die Tarnung fallen. Jetzt ist die Wahrheit raus. Wusste ich doch, dass mit den beiden was faul ist. Sie ahnen nicht, dass sie sich soeben verraten haben. Sie glauben allen Ernstes an das Gerücht vom dummen Esel und blöden Pferd. Selbst schuld!

In der Falle

Eine Weile spiele ich mit den beiden. Sie pirschen sich heran und ich sehe ihnen treuherzig entgegen. Sobald sie aber nach dem Schal greifen wollen, trete ich zurück. Und dann geht der Spaß von vorne los.

Bis Emil meint: »Genug jetzt, lass uns gehen!«

Gesagt, getan!

»Sie türmen. Was machen wir jetzt, Lukas?«, brüllt Tim panisch.

»Zu den Fahrrädern«, antwortet Lukas.

Ich kichere in mich hinein. Es läuft genauso, wie ich es mir ausgedacht habe. Denken die beiden wirklich, sie könnten uns mit so einem Drahtesel einholen? Gegen mich hat nicht einmal ein lebendiger Esel eine Chance.

Sie bemühen sich redlich. Trotzdem muss ich immer wieder das Tempo drosseln, damit ich sie nicht abhänge. Ich trabe aber schnell genug, damit sie ordentlich in Schwitzen geraten. Sie sind so damit beschäftigt, mich nicht aus den Augen zu verlieren, dass sie gar nicht mitbekommen, wohin unsere Jagd uns führt. Ich baue noch ein paar zusätzliche Umwege ein, um sicherzugehen.

»Denk an deine Aufgabe!«, rufe ich Emil zu.

Dann poltere ich mit lautem Hufgeklapper durchs Tor. Die Jungen dicht hinter mir.

Mitten auf dem Hof halte ich abrupt an. Es fehlt nicht viel und die beiden wären mit ihren Rädern in mich hineingesaust. Ich kann gerade noch auf die Seite hüpfen. Tims Reifen quietschen. Er hat zu hastig gebremst, schlittert noch ein Stück nach vorne, verliert das Gleichgewicht und landet auf seinem Aller-

wertesten. Verdattert rappelt er sich wieder auf.

Lukas' Bremsen funktionieren besser. Er springt von seinem Rad und blickt sich staunend um.

»Wo sind wir?«, fragt Tim und reibt sich die Kehrseite.

»Du wirst es nicht glauben, dieses verrückte

Pferd hat uns nach Apfelbaum gelockt«, antwortet Lukas.

»Ach du dickes Ei, lass uns schnell abhauen, bevor uns jemand bemerkt!«

Tim hat seine Schmerzen augenblicklich vergessen und stürmt zurück zu seinem Rad. Ich wiehere so laut und durchdringend, wie ich kann. Das versetzt auch Lukas in Panik und er eilt in Richtung Tor. Aber dort steht – unüberwindbar wie eine Mauer – Emil. Sein »I-ah, i-ah, i-ah!« ist noch furchterregender als mein Wiehern, das muss ich neidlos anerkennen. Vor Schreck ergreift Tim sofort die Flucht nach hinten, stolpert über die eigenen Füße und landet erneut auf seinem Po. Lukas ist energischer und will sich an Emil vorbeidrücken. Doch Emil keilt nach vorne und nach hinten aus, dass es eine wahre Freude ist.

Endlich hat unser Getöse auch die anderen Hofbewohner alarmiert. Tante Jo poltert aus dem Haus und brüllt: »Was ist hier los?«

Gleichzeitig wird die Tür vom Heuschober aufgerissen. Paula rast zu Emil und Bine zu mir. »Ist dir etwas zugestoßen?«, will sie wissen.

Sogar Yvonne und ein paar Mädchen aus der Reithalle rauschen heran. Der Innenhof ist so gut gefüllt, dass die beiden Kicker es nicht mehr schaffen, unerkannt zu fliehen. Der Teil hat wie erwartet funktioniert. Ich drücke die Hufe, dass der Rest auch klappt.

Paula bohrt ihren Finger in Lukas' Brust. »Ihr wolltet Emil bestimmt etwas antun. Deshalb hat er so geschrien.«

»Nein, wollten wir nicht. Keine Ahnung, warum eure Viecher so schreien«, behauptet Lukas.

Tante Jo stemmt die Arme in die Hüften. »Könnt ihr mir verraten, was ihr dann auf dem Hof verloren habt?«

»Öh«, macht Tim, aber Lukas ist nicht so leicht einzuschüchtern. »Dieses schwarze Pferd hat meinem Freund den Schal gestohlen!«

Plötzlich richten sich alle Augen auf mich. Am liebsten würde ich dem Kerl einen Pferdeapfel vor die Füße setzen. Was fällt ihm ein, mich so dreist zu beschuldigen?

Tante Jo stöhnt: »Hopper, was treibst du wieder?« Mit zwei Schritten ist sie bei mir und will mir den Schal abnehmen. Ich trete zurück und wiehere erzürnt.

»Rück sofort den Schal raus!« Tante Jo droht mir mit erhobenem Zeigefinger.

Wie soll ich ihr begreiflich machen, dass nicht ich der Schurke bin? Hilfesuchend sehe ich zu Bine, aber die guckt nur ziemlich ratlos zurück. Zu dumm, sie weiß ja nicht einmal, dass ich den Katzenbesitzer suchen wollte. Wenn ich ihr das bloß sagen könnte ...

Kann ich doch!

Ich senke meinen Kopf und lasse Bine meine Mütze vor die Füße rollen. Sie bückt sich, hebt sie auf, dreht sie kurz zwischen den Händen und fängt an zu strahlen.

»Ich verstehe, Hopper ist wieder als Detektiv unterwegs. Dann hat er den Schal sicher nicht gestohlen. Oder er ist ein ganz wichtiger Beweis!«

»Ich weiß nicht, ob du deinem Hopper nicht ein bisschen viel zutraust!«

War klar, Tante Jo kennt mich nicht halb so gut wie Bine. Aber wenigstens hört sie auf, nach dem Schal zu grabschen.

»Ihr glaubt nicht ernsthaft an so einen Quatsch?«, empört sich Lukas. »Das ist ein Tier und es hat den Schal geklaut und damit basta!«

Er macht Tim vermeintlich unauffällig ein Zeichen. Daraufhin bewegen sich die beiden wie in Zeitlupe rückwärts zum Tor.

»Obacht, die Kerle wollen schon wieder abhauen!«, rufe ich Emil zu.

»Schon gesehen!«, antwortet er und macht sich im Durchgang breit.

Die Wahrheit kommt ans Licht

Tante Jo und die Mädchen merken von den Fluchtgedanken zuerst nichts. Sie sind viel zu beschäftigt damit, sich einen Reim auf die Geschichte zu machen. Tante Jo vertritt immer noch die Meinung, den Schal zurückzugeben. Bine und Paula wehren sich tapfer dagegen und nehmen mich in Schutz.

Hilfe kommt von einer ganz unerwarteten Seite. Yvonne, die Reitschülerin, die mir bei meinem letzten Fall noch die Schuld in die Schuhe – oder besser gesagt – in die Hufeisen schieben wollte, meldet sich zu Wort.

»Ich glaube, Bine und Paula haben recht, irgendwas ist faul an der Sache!«

»Wieso?«, erkundigt sich Tante Jo.

»Das da«, Yvonne deutet mit dem Finger auf Tim, »ist mein Bruder. Und wenn er so eine Unschuldsmiene zieht, dann hat er meistens etwas ausgefressen.«

»Gar nicht wahr!«, verteidigt sich Tim.

Unter dem argwöhnischen Blick seiner Schwester traut er sich wenigstens nicht mehr, nach hinten auszubüxen.

»Wenn ich bloß wüsste, wo ich diesen Schal schon einmal gesehen habe«, sagt Bine.

Es wird Zeit, dass ich ihr einen Schubs gebe, damit sie sich erinnert. Behutsam versuche ich sie mit dem Maul in Richtung Heuschober zu schieben. Bine krault meinen Hals.

»Lieb, dass du daran denkst, aber die Kätzchen müssen kurz warten, bis wir das hier geklärt haben.« Da reißt sie die Augen auf. »Moment mal, die Kätzchen! Mensch, Paula, erinnerst du dich an die Unterlage in der Kiste? Die war doch auch knallgelb-orange, oder?«

Paula nickt eifrig: »Jetzt, wo du es sagst …«

Wie eine Furie heizt sie auf Tim und Lukas zu. »Ihr beiden habt die Katzenbabys im Busch versteckt!«

Selbst Lukas hat es die Sprache verschlagen.

»Leugnen ist zwecklos«, ruft Paula, »ihr seid aufgeflogen!«

»Bloß, weil du unbedingt deinen Schal unterlegen musstest«, zischt Lukas.

»Wir hatten nichts anderes dabei und sie mussten es doch wenigstens bequem haben«, verteidigt sich Tim.

Tante Jo schüttelt fassungslos den Kopf: »Ihr habt also tatsächlich die Katzenjungen bei uns ausgesetzt?«

»So war das nicht!« Tim fängt fast an zu weinen. »Lukas hat gesagt, dass sie bei euch auf dem Hof gut untergebracht sind und sie bestimmt jemand finden wird!«

»Halt die Klappe!«, knurrt Lukas. »Schuld an allem ist sowieso Susi!«

»Welche Susi?«, will Bine wissen.

Yvonne schaltet sich wieder ein: »Meinst du etwa die Susi von gegenüber, die in meine Klasse geht?«

»Ja-a«, gibt Tim gedehnt zu.

Die Schwester bohrt weiter nach: »Dann sind das ihre Katzen?«

»Irgendwie schon«, gibt Tim zu.

»Was heißt hier irgendwie, ich will jetzt die

ganze Wahrheit hören, und zwar ausführlich von Anfang an, verstanden!« Tante Jos Forderung lässt keinen Widerspruch zu. Ich beglückwünsche mich. Mein zweiter Fall steht kurz vor der Aufklärung. Genauso neugierig wie der Rest lausche ich den stockenden Ausführungen der beiden Jungen.

Ballverlust und Katzenjammer

Tim holt tief Luft und fängt an zu erzählen: »Wir haben uns bei mir im Hof getroffen, um Elfmeter zu üben. Ich stand zwischen den Eisenpfosten der Teppichstange im Tor und Lukas schoss.«

»Ihr und euer bescheuerter Fußballtick!« Yvonne verdreht die Augen. »Was soll das denn mit den Katzen zu tun haben?«

Ich würde die Jungen gerne in Schutz nehmen. Seit meinem Fußballeinsatz heute sehe ich sofort ein, wie wichtig so ein Extra-Training ist. Wer ein Tor schießen will, der muss ebenso üben wie Pony und Reiter für ein Turnier. Es sei denn, er ist ein Naturtalent wie ich. O.k., sogar mir könnte ein klein wenig Feilen an der Technik nichts schaden. Bevor ich mich weiter in den Träumen meiner neuen Karriere verliere, reiße ich mich lieber zusammen. Schließlich will ich wissen, was geschehen ist.

»Tim hat einen Ball nicht gehalten«, sagt Lukas.

»Du hast viel zu scharf geschossen, der hatte bestimmt hundert Sachen drauf, mindestens«, verteidigt sich Tim. »Deshalb flog der Ball meilenweit über das Tor und landete in hohem Bogen in einem Fenster. Zum Glück war es offen, sonst wäre die Scheibe zu Bruch gegangen.«

»Ist sie aber nicht!«, betont Lukas.

»Glück gehabt«, sagt Tante Jo trocken. »Und weiter?«

»Na ja«, gibt Tim zu, »zuerst wollten wir uns dünnmachen, um keinen Ärger zu kriegen. Aber ohne Ball hätten wir nicht weiterspielen können. Ich wusste, dass dort die Familie von Susi wohnt. Und da dachte ich, wir klingeln einfach und bitten sie, uns den Ball zurückzugeben.«

Lukas schimpft: »Ja, aber die Kuh wollte ihn nicht rausrücken! Hat behauptet, sie müsste erst ihre Mutter fragen.«

»Kuh sagt man nicht«, mahnt Bine.

»Ach, und wie würdest du jemanden nennen, der dir deine Reitkappe nicht wiedergibt oder irgendeinen anderen Krempel, den du zum Reiten brauchst?«

»Wir passen auf unsere Sachen eben besser auf«, behauptet Yvonne hoheitsvoll.

»Hört auf zu streiten«, befiehlt Tante Jo, »mich würde immer noch interessieren, was das alles mit den Katzenjungen zu tun haben soll.«

Würde mich auch interessieren! Allerdings

verstehe ich sehr gut, warum die Jungen so sauer waren. Ohne Ball war mit dem Fußballspielen erst mal Essig.

»Wir wollten uns an Susi rächen«, gibt Tim zu. »Weil wir am nächsten Tag immer noch blöd im Innenhof rumhocken mussten und nicht spielen konnten.«

»Ganz genau«, sagt Lukas grimmig, »und die Gelegenheit dazu ist uns quasi vor die Füße gelaufen. Nämlich Susis heiß geliebte Katze Nima. Ich fand, Katze gegen Ball ist ein faires Tauschangebot.«

»Ihr habt das arme Tier einfach gefangen genommen?« Bine ist fassungslos vor Entsetzen.

»Klar, war gar nicht schwer, sie zu erwischen«, prahlt Lukas. »Hatte ein paar Kilo Übergewicht, die Gute.«

Tim ergänzt: »Aber sie hat sich ziemlich gewehrt.

Und als wir durchs Treppenhaus rüber zu Susi laufen wollten, hat sie es geschafft, sich freizustrampeln.«

Sehr verständlich, finde ich. Warum sollte sich Nima auch für so eine gemeine Erpressung hergeben? Wir Tiere haben schließlich auch unsere Würde!

»Sie ist in den Keller geflohen«, erzählt Tim weiter. »Und hat sich hinter dem Heizungsrohr versteckt. Wir konnten sie nicht wieder rauslocken, weil sie gefaucht hat wie ein ausgewachsener Tiger.«

»Sie hat sogar mit den Krallen nach uns geschlagen«, bestätigt Lukas.

»Und auf die Idee, Susi zu holen, seid ihr beiden Helden nicht gekommen«, bemerkt Tante Jo säuerlich.

»Na ja«, gibt Lukas zu, »zuerst fanden wir es gar nicht so schlecht, dass sie sich ein paar Sorgen machen muss. Und dann war es zu spät dafür ...«

Mir tut diese Susi schrecklich leid. Bine würde bestimmt halb wahnsinnig, wenn ich auf einmal weg wäre. Das gilt umgekehrt übrigens ganz genauso. Immerhin hat wenigstens Tim ein ziemlich schlechtes Gewissen. Das merkt man ihm an der Nasenspitze an.

»Ich habe ihr von meinem Taschengeld Katzenfutter besorgt und ein Schälchen Wasser hingestellt, damit sie es gut hat.«

Na, kein Wunder, finde ich, dass die Katze nicht heimgelaufen ist. Sie wurde versorgt und hatte gleichzeitig ihre Ruhe. Aus Erfahrung vom letzten Frühling weiß ich, dass trächtige Stuten es zu schätzen wissen, vor der Geburt ungestört zu sein. Metzgermeister Wutigs Stute Hanne hat mir das erzählt. Warum sollte das bei Katzen anders sein? Allerdings haben Tim und Lukas zunächst gar nicht erkannt, was mit der Katze los war. »Erst, als ich Nima wieder mal Fressen hinstellen wollte, habe ich die Katzenbabys entdeckt«, erklärt Tim weiter.

»Sie muss sie in der Nacht vorher bekommen haben.«

Lukas nickt: »Ja, und da wollten wir sie heimlich zurückbringen. Aber es ging nicht. Nima hat noch mehr gefaucht und gekratzt als vorher. Es war kein Rankommen.«

»Und dann«, Tim muss eine kurze Pause machen, weil seine Stimme so zittert. »Und dann – also – bei unserem nächsten Besuch, war Nima plötzlich verschwunden. Die Kleinen haben geschrien wie am Spieß.«

»Oh nein«, ruft Paula dazwischen. »Wo ist sie hin?«

»Keine Ahnung«, sagt Lukas. »Aber es muss ihr etwas passiert sein, denn vorher hat sie ihre Jungen niemals aus den Augen gelassen.«

Mir ist ganz flau im Magen vor Mitleid. Die armen Kleinen. Zuerst werden sie heimtückisch entführt und dann geht ihnen auch noch die Mutter verloren.

Ich bin nicht der Einzige, dem es so geht.

Bine brüllt die beiden Jungen an: »Spätestens jetzt hättet ihr den Kätzchen helfen müssen!«

»Das haben wir doch auch«, verteidigt sich Tim. »Wir waren uns sicher, dass ihr auf Apfelbaum genau wisst, wie man sich am besten um sie kümmert. Yvonne erzählt ständig, wie gut es alle Tiere hier haben.«

»Wenigstens in dem Punkt habt ihr euch nicht geirrt«, knurrt Tante Jo. »Obwohl die Kleinen es mit Katzenmutter deutlich leichter gehabt hätten. Und ihr hättet endlich der armen Susi Bescheid geben müssen!«

»Wir dachten, dass es sich schon irgendwann zu ihr rumspricht, dass ihr die Jungen gefunden habt. In der Schule oder so. Ihr Mädchen quatscht doch immer über alles«, murmelt Lukas.

»Das habt ihr euch ja fein ausgedacht, ihr Feiglinge«, zischt Paula.

Tim lässt kleinlaut die Schultern hängen: »Ihr werdet uns doch nicht verraten?«

»Du träumst wohl!«, lacht Yvonne höhnisch. »Du kannst dich schon mal auf eine ordentliche Strafpredigt von Mama und Papa einstellen!«

»Nicht nur das«, pflichtet Tante Jo bei. »Ihr werdet euch gefälligst persönlich bei Susi entschuldigen. Was ihr gemacht habt, ist so mit das Schlimmste, was man einem Tierbesitzer antun kann.«

»Aber unser Ball ...«, wirft Lukas trotzig ein.

»Der Verlust eures Balls ist nichts im Vergleich zu den Ängsten, die Susi ausgestanden hat«, sagt Tante Jo. »Einen Gegenstand kann man nicht mit einem Lebewesen vergleichen.«

»Außerdem habt ihr euren Ball verschossen. Ihr seid also selbst schuld, dass er weg ist«, findet Paula.

»Was machen wir denn jetzt mit den beiden Übeltätern und den Kätzchen?«, fragt Bine Tante Jo.

»Als Erstes brauche ich Susis Telefonnummer, damit ich sie anrufen und ihr sagen kann, dass wir die Katzenbabys gefunden haben. Wahrscheinlich werden wir ihr mit der Versorgung in den ersten Wochen weiterhin helfen müssen. Alle zwei Stunden füttern und putzen ist für sie allein kaum zu schaffen, es sei denn, ihre Eltern springen mit ein.«

Tante Jo und Yvonne verschwinden mit den beiden Jungen im Schlepptau ins Haus. Die anderen Reitschülerinnen trollen sich ebenfalls, nachdem es keine Sensationen mehr zu sehen und zu hören gibt. Bine und Paula stürmen zurück zu den armen Katzenjungen.

»Das haben wir jetzt davon«, seufzt Emil. »Wir haben den Fall aufgeklärt und trotzdem kümmert sich niemand um uns.«

Mein Stolz und meine gute Laune sind durch diese Kleinigkeit nicht zu erschüttern.

»Wart's ab! Wenn erst diese Susi mit ihren Eltern auftaucht, dann hat sich der Rummel um unsere Kratzbürsten schnell erledigt. Und wir bekommen nicht nur Bine und Paula zurück, sondern eine dicke Belohnung oben drauf.«

Es kommt anders ...

Mitten in meine zufriedene Hochstimmung ertönt ein gellender Schrei. Emil und ich stellen sofort alarmiert die Ohren auf.

»Das war Bine!«, wiehere ich und trabe zum Heuschober.

Im Türrahmen tauchen unsere Freundinnen auf. Bine sieht völlig verzweifelt aus und Paula laufen sogar ein paar Tränen über die Wangen.

»Die Kätzchen sind weg«, würgt Bine hervor.

Ich drücke meinen Kopf an ihre Schulter, um sie zu trösten. Egal, wie wenig ich für diese Mini-Tiger übrig habe, aber meine Freundin so traurig zu sehen, zerreißt mir das Herz. Gedankenverloren krault Bine mich hinter den Ohren. »Wenigstens bist du noch da, Hopper. Aber was wird Susi sagen, wenn wir ihre kleinen Katzen verbummelt haben?«

Tante Jo kommt zurück in den Innenhof. »Susi wird in einer Stunde da sein. Sie hat sich riesig gefreu... äh – Ihr seht ja aus wie drei Tage Regenwetter.«

Stumm hebt Paula den leeren Katzenkorb in die Höhe.

»Habt ihr wirklich überall nachgesehen?«, fragt Tante Jo.

Bine und Paula nicken.

»Sie sind einfach spurlos verschwunden«, jammert Paula und Bine ergänzt: »In der Eile vorhin haben wir die Tür vom Heuschober offen gelassen. Wahrscheinlich sind sie rausgeschlüpft und irren schutzlos umher.«

»Dann müssen wir alle zusammentrommeln und gemeinsam suchen!«

Tante Jo setzt ihren Vorschlag sofort in die Tat um. Jeder auf Apfelbaum hat ein bestimmtes Fleckchen unter die Lupe zu nehmen. Jeder Baum, Strauch und Grashalm soll nach den Katzenjungen umgedreht und durchleuchtet werden. Tim und Lukas müssen zur Wiedergutmachung ebenfalls mit ran.

»Ihr kommt mit mir zu den Apfelgärten«, bestimmt Tante Jo. »Damit ich euch im Auge behalten kann und ihr nicht versucht, euch zu verdrücken.«

Yvonne und die anderen Reitschülerinnen übernehmen den Offenstall und den Innenhof. Bine und Paula wollen sich die Felder bis zum Waldrand vornehmen.

Zum Schluss wendet sich Tante Jo an Emil und mich.

»So, ihr beiden Spürnasen. Nachdem ihr so erfolgreich die Besitzerin der Kätzchen gefunden habt, helft ihr hoffentlich kräftig mit?«

Ohne eine Antwort abzuwarten, drängt sie

die beiden Jungen und die übrigen zum Aufbruch. Als sie weg sind, fragt Emil: »Sollen wir das wirklich tun? Eigentlich haben wir unser Ziel erreicht, oder? Die Freundinnen-Diebe sind weg.«

Grundsätzlich hat Emil zwar recht. Trotz

allem kann ich nicht glauben, dass er so herzlos ist. »Hast du nicht mitbekommen, wie unglücklich Bine und Paula sind?«

»Doch«, gibt Emil zu.

Ich setze noch ein Argument obendrauf: »Und Tante Jo hat uns unseren ersten offiziellen Auftrag erteilt. Das werde ich mir nicht entgehen lassen. Ich für meinen Teil werde den Menschen endgültig beweisen, dass Ponys die besseren Detektive sind, egal, ob du mitmachst oder nicht!«

»Schon gut, beruhige dich. Ich finde ja auch, dass wir die Kleinen nicht ihrem Schicksal überlassen können«, sagt Emil.

Ich bin echt froh, dass der Esel mich nicht im Stich lässt. Inzwischen habe ich mich sehr an seine Hilfe gewöhnt und muss zugeben, mit ihm zusammen ist es um einiges leichter.

Mein Magen knurrt laut und vernehmlich. Es wäre längst Zeit für eine kleine Zwischenmahlzeit. Ich habe seit heute Mittag keinen Bissen mehr gegessen. Emil grinst mich schief an: »Du brauchst wohl erst eine Stärkung, bevor wir anfangen können?«

Kurz überlege ich. Die Aussicht auf ein Gurkenstück oder wenigstens ein paar saftige Grashalme ist sehr verlockend. Tapfer kämpfe ich gegen den Hunger an. Ein guter Detektiv vertrödelt seine Zeit nicht mit Essen. Nicht, wenn er einen eiligen Fall zu lösen hat. Bald wird Susi auftauchen und von dem Unglück erfahren, wenn wir die Kleinen bis dahin nicht gefunden haben.

Energisch schüttle ich den Kopf: »Nein, erst die Arbeit!«

»Beginnen wir wieder am Tatort?«, fragt Emil.

Ich werfe einen Blick in die halbdunkle Scheune, vor deren offener Tür wir immer noch stehen. Sie ist bis unters Dach voll mit Heu- und Strohballen.

Heu ist hauptsächlich getrocknetes Gras und unser Vorrat für den Winter, wenn es auf den Weiden nicht mehr genügend zum Fressen gibt. Mit den getrockneten Strohhalmen, die bei der Getreideernte übrigbleiben, werden unsere Boxen im Stall eingestreut. Man kann es zwar notfalls auch fressen, aber es ist hart und stachelig. Mir schmeckt es nicht besonders gut.

Am Boden der Scheune haben Bine und Paula alles für sich und die Katzenjungen hergerichtet. Ich erkenne die zerwühlten Schlafsäcke, die Milchpulverdosen vom Tierarzt, zwei Wasserkanister, einen Wasserkocher, einen großen Wecker, jede Menge Decken und Kissen zum Warmhalten und das umgestürzte Körbchen.

Ganz schön leichtsinnig und dumm von den Katzenjungen, dieses gemütliche Fleckchen zu verlassen. Bine und Paula haben sich so aufopfernd um sie gekümmert und sogar Emil und mich ihretwegen vernachlässigt. Und was machen diese undankbaren Kratzbürsten? Büxen einfach bei der erstbesten Gelegenheit aus.

Hinweise auf den Verbleib der Katzenjungen kann ich nicht entdecken. Bine und Paula haben jeden Winkel des kleinen Lagers abgesucht und dabei leider mögliche Fährten verwischt. Wenn es überhaupt welche gab. Die Kätzchen sind noch so klein und leicht, dass sie kaum Tapsen hinterlassen haben werden. Umso erstaunlicher, dass sie mit ihren winzigen Stummelbeinchen so flink entwischen konnten.

Auf dem Gelände von Gut Apfelbaum herrscht mittlerweile das Chaos. Überall wuseln Leute herum, spähen hinter jede Ecke und durchsuchen jeden Winkel. Jeder neu ankommende Reitschüler wird sofort mit eingespannt. Nichts dagegen zu sagen, außer dass sie nicht besonders gut organisiert vorgehen.

»Hast du gesehen«, raune ich Emil zu, »jetzt haben sie schon zum dritten Mal unter die Regentonne geguckt.«

Der Esel schnaubt verächtlich: »Ja, dafür hat sich noch keiner die Mühe gemacht, in die Regenrinne zu sehen. Jedenfalls nicht, seitdem ich das Treiben beobachte.«

Eine böse Ahnung

Plötzlich fällt mir auf, dass Emil und ich nicht die Einzigen sind, die dem Trubel zusehen. Auf der Gartenbank vor Tante Jos und Onkel Ottos Haus sitzt eine dicke Gestalt, die mir erschreckend bekannt vorkommt. Metzgermeister Wutig. Er hat sich ein Pfeifchen angezündet und denkt offensichtlich gar nicht daran, sich den Suchtrupps anzuschließen. Im Gegenteil. Er wiegt belustigt den Kopf hin und her und grinst hämisch, wenn eines der Kinder an einem besonders ungewöhnlichen Ort nachschaut.

Als zum vierten Mal ein Junge auf die Regentonne zusteuert, ruft der Metzger laut:

»Glaubt ihr wirklich, dass die kleinen Mistviecher ein Bad genommen haben?«

Der Junge – er heißt Alex, glaube ich – wirbelt herum und geht einen Schritt auf den Pfeifenqualm zu. »Wenn Sie sich so gut auskennen, warum helfen Sie uns dann nicht beim Suchen, Herr Wutig?«

Ich finde Alex sehr mutig. Normalerweise machen nicht nur wir Tiere einen großen Bogen um den Metzgermeister. Es ist zwar nach der Geburt von Hannes Fohlen eine Weile besser geworden, aber inzwischen läuft Wutig wieder genauso griesgrämig über den Hof. Er schnauzt jeden an, der ihm zu nahe kommt, oder lacht die Mädchen aus, die allzu zärtlich mit uns Ponys umgehen. »Ein Pferd ist doch kein Kuscheltier«, sagt er ständig. Mit seinem roten Gesicht, seinen tellergroßen Händen und seiner peitschenden Reitgerte flößt er auch den meisten Reitschülern Respekt ein. Aber dieser weizenblonde Kerl lässt sich nicht mal durch Wutig einschüchtern. »Ha, ha!«, macht der Metzger. »Warum sollte ich suchen, was *ich nicht* verloren habe?«

Emil ist über diese Bemerkung genauso verwirrt wie ich und wispert: »Was soll das heißen?«

»Keine Ahnung, aber es klingt nicht freundlich. Besonders nicht, wenn es von einem Metzger kommt«, sage ich.

»Meinst du, er weiß, wo die Katzen stecken?«

Ich schüttle die Mähne. »Woher sollte Wutig das wissen?«

Aber Emil lässt nicht locker: »Weißt du, wie lange er schon da auf der Bank hockt? Vielleicht hat er genau beobachtet, wo die Jungen hin sind, und macht sich jetzt einen Spaß daraus, unsere vergeblichen Bemühungen zu kommentieren.«

Ich verstehe langsam, worauf Emil hinaus will. »Du meinst, er hält das für so eine Art Ostereiersuche?«

Emil nickt.

Ausgeschlossen ist das nicht. Ich würde Metzgermeister Wutig so manches zutrauen. Ich kann mir seine diebische Freude über unsere Verzweiflung vorstellen. Und später, wenn alle kurz vor dem Aufgeben sind, zieht er dann mit seinem brüllenden Gelächter die Kätzchen hervor. Wie ein Magier ein Kaninchen aus dem Hut zaubert.

Ja, genau so könnte er seine Anspielungen gemeint haben.

Alex scheinen ähnliche Gedanken zu bewegen und er fragt nach: »Sie mögen Katzen wohl nicht?«

»Oh doch, als Salami aufs Brot mag ich Katzen sogar sehr!«, grölt Wutig.

Das ist zu viel für Alex. Er macht auf dem Absatz kehrt und läuft zu seinen Freunden zurück. Er bekommt gar nicht mehr mit, wie sich der Metzger vergnügt mit der Hand über den Bauch reibt.

Entsetzt stupse ich Emil an: »Ich wette, das meint er ernst. Die Katzenjungen sind gar nicht von sich aus abgehauen, sondern er hat sie sich zum Abendessen geholt!«

»Das haben die Kleinen nicht verdient. Wir müssen sie retten! Wo könnte er sie bloß versteckt haben?«

Mein Blick fällt auf eine große Sporttasche, die unter der Bank steht. Das mir die nicht früher aufgefallen ist! Täusche ich mich oder bewegt sich das Gepäckstück sanft hin und her? Als ob – mir stockt der Atem – als ob sich ein paar Katzenjunge im Schlaf räkeln! Diese

Ahnungslosen haben noch nicht bemerkt, dass ihr Schicksal besiegelt ist.

»Die Tasche«, keuche ich, »er hat die Katzen darin versteckt.«

»Dann müssen wir ihm die Tasche wegnehmen«, meint Emil.

Einfacher gesagt als getan. Von den Auftritten mit meinem Lord weiß ich, wie man jemandem unauffällig etwas stibitzt. Einen kleinen Gegenstand aus der Jackentasche holt, wenn derjenige abgelenkt ist. Aber so einen großen?

Vor allem braucht man jemanden, der das Ablenken übernimmt. Denn daraus besteht die Taktik. Zuerst wanzt sich einer unauffällig an die Zielperson heran, dann lenkt der zweite dessen Aufmerksamkeit auf sich und – schwupp – kann man zuschlagen. Der menschliche Lord Hopkins hatte zu diesem Zweck allerlei Zaubertricks und Jonglierkunststücke auf Lager. Die Leute waren so fasziniert, wenn er ein Geldstück hinterm Ohr verschwinden oder fünf Bälle gleichzeitig in der Luft kreisen ließ, dass ich leichtes Spiel hatte. Dummerweise ist mein Lord nicht da und ohne ihn …

»Gibt es irgendetwas, das du kannst?«, frage ich Emil. »Ich meine, so was wie jonglieren oder zaubern?«

Zuerst schüttelt Emil bedauernd den Kopf. Doch dann erhellt sich seine Miene. »Doch, ich kann Musik machen!«

»Musik«, sage ich skeptisch. »Bist du sicher? Wir brauchen ein einwandfreies Ablenkungsmanöver, sonst klappt es nicht.«

»Lass mich nur machen!«, erklärt Emil.

Er klingt sehr überzeugt. Ich bin mir weniger sicher, dass der Metzger ein großer Fan von Eselsmusik ist. Aber es ist die einzige Möglichkeit, also müssen wir es versuchen.

Der erste Teil ist noch nicht der schwierigste, aber mit Abstand der, der mich am meisten Überwindung kostet. Ich muss mich an Metzgermeister Wutig heranmachen und so tun, als ob ich mich dringend von ihm streicheln lassen will. Brrr! Schon bei der Vorstellung, mir von seinen Pranken den Hals tätscheln zu lassen, stehen mir alle Mähnenhaare zu Berge. Doch es hilft nichts, nur so kann ich mich in der Nähe der Tasche in Stellung bringen.

Widerwillig schreite ich auf den Metzgermeister zu und strecke ihm den Hals entgegen.

»Was willst du von mir, Hopper?«

Wutigs erstaunter Tonfall verrät mir, dass er keine Ahnung hat, was ich vorhabe. Gut so, jetzt nur nicht aus der Rolle fallen! Ich reibe leicht meinen Kopf an seinem Oberarm und gebe mir Mühe, ein wohliges Schnauben hinzubekommen. Hoffentlich versteht dieser grobe Klotz überhaupt, was ich damit ausdrücken will.

»Oje, du musst dich ganz schön vernachlässigt fühlen, wenn du dir sogar von mir deine Schmuseeinheiten abholen willst. So nahe lässt du mich doch sonst nie an dich ran.«

Erstaunlich klug, dieser Metzger. Hätte nicht gedacht, dass er meine bisherige Zurückhaltung überhaupt bemerkt hat. Er klopft mir den Hals und krault meine Mähne. Es tut überhaupt nicht weh! Mit halb geschlossenen Augen lasse ich mir alles gefallen. Gleichzeitig taste ich mit dem Hinterhuf nach der Tasche. Als ich einen Widerstand spüre, trete ich vorsichtig nach und versuche sie ein Stück unter der Bank hervorzuschieben. Ganz schön schwierig, denn ich will weder die Kätzchen verletzen noch von Wutig ertappt werden.

Wie bestellt, setzt in diesem Augenblick ein ohrenbetäubender Krach ein. Obwohl, wenn ich ehrlich bin, hat dieser Krach einen ziemlich guten Rhythmus. Wumm, chaka chaka, wumm, chaka, chaka, wumm, wumm, skratsch …

Emil macht seine Sache hervorragend. Er hat Tante Jos Blechschubkarre umgekippt und bearbeitet sie mit den Vorderbeinen. Zwischendrin dengelt er mit dem einen Hinterhuf gegen die Regentonne. Den anderen hat er auf den Rechen gestellt und kratzt damit über den Boden.

»I-i-i-ah-a, i-i-i-ah-a!”, singt er dazu.

Über seine Singstimme sollten wir noch einmal reden, aber der Rest zuckt sofort in den Beinen. Das findet auch der Metzgermeister. Er ist begeistert aufgesprungen, schunkelt und klatscht mit.

Meine Gelegenheit! Hinter seinem Rücken schnappe ich mir die Henkel der Tasche und gebe Vollgas.

Metzgermeister Wutigs Tasche

Völlig außer Atem komme ich bei unserer Weide an. Kein Ahnung, ob Wutig den Diebstahl schon bemerkt hat. Andererseits – ist das überhaupt ein Diebstahl, wenn man einem Dieb etwas wieder abjagt? Interessante Frage. Doch darüber werde ich später nachdenken. Jetzt muss es schnell gehen. Schon den Kätzchen zuliebe.

Kira taucht auf der anderen Seite des Zauns auf.

»Wieso rennst du bei dieser Hitze freiwillig wie ein Irrer? Und was willst du mit dieser Ta...«

»Gut, dass du da bist«, unterbreche ich sie.

»Kannst du die Tasche kurz halten? Mit ihr komme ich nicht über den Zaun.«

Ohne eine Antwort abzuwarten, drücke ich sie ihr ins Maul, gehe ein Stück zurück und setze zum Sprung an. Ich habe jetzt keine Zeit, mich lange mit dem Riegel abzuplagen.

Uff, entweder ist der Zaun höher geworden oder ich habe Sprungkraft eingebüßt. Kein Wunder, dass die anderen Ponys nicht darüberspringen können. Selbst ich schaffe es nur mit Mühe und Not und bleibe beinahe mit dem linken Hinterbein hängen. Die Holzlatte vibriert bedenklich.

»Erklärst du mir jetzt endlich, was los ist?«, fordert Kira ungeduldig.

»Gleich, gleich, zuerst müssen wir die anderen zusammentrommeln. Auch die Privatpferde. Ich will die Geschichte nur einmal erzählen. Wir treffen uns beim Unterstand am Zaun.«

Ich packe die Tasche und bete, dass Kira

halbwegs begriffen hat, wie eilig wir es haben. Meine Sorge ist unbegründet. Auf Kiras Neugier ist wieder einmal voll und ganz Verlass. Wie eine Marktschreierin wiehert sie über die Weide und treibt die anderen Pferde zusammen. Die Herde umringt mich, und alle Ohren sind gespitzt, als ich von den Katzenjungen berichte. Die meisten haben von unseren Neuankömmlingen noch gar nichts mitbekommen, deshalb weihe ich sie kurz in die Vorgeschichte über das Auftauchen und Verschwinden der Kleinen ein.

Mittendrin kommt Emil an.

»Lass mich rein!«, ruft er vom Gatter, weil er nicht über die Abgrenzung hüpfen kann.

»Hat Wutig mitbekommen, dass wir die Tasche haben?«, will ich wissen, weil davon abhängt, wie viel Zeit uns noch bleibt.

»Solange ich musiziert habe, nicht. Könnte aber sein, dass er es inzwischen gemerkt hat«, kichert Emil.

»Dann bleib lieber draußen und steh Schmiere!«, bitte ich ihn.

»Ich soll was?«

Ich seufze. So hilfreich Emil ist, unsere Detektivsprache muss er noch lernen. »Du sollst Wache halten und Bescheid geben, wenn Wutig auftaucht.«

»Wieso soll der Esel uns warnen, wenn mein Herrchen kommt?«

Die Stute des Metzgermeisters ist ganz nah an die Absperrung zwischen der Privat- und der Schulweide getreten und mustert mich argwöhnisch.

»Weil das hier«, ich deute mit einer Kopfbewegung nach unten, »seine Tasche ist.«

»Das weiß ich, aber warum habt ihr sie gestohlen?«, fragt Hanne streng.

»Genau genommen haben wir sie nicht gestohlen, sondern in Sicherheit gebracht«, erkläre ich hoheitsvoll.

»Faule Ausrede«, schnaubt sie wütend zurück.

Langsam werde ich sauer. Hanne müsste doch am besten wissen, was für ein gemeiner Kerl Wutig ist.

»Dein feines Herrchen hat die Katzenbabys entführt, in diese Tasche eingesperrt und will sie heute zum Abendessen verspeisen.«

»Waaaas?«

Kira wiehert laut. Fiora, Brombeere und Juli weichen entsetzt einen Schritt zurück. Und selbst Amato bleibt vor Schreck das Maul offen stehen.

»Ihr habt richtig gehört. Und deshalb müssen wir die Katzenjungen beschützen, bis Susi kommt und sie mitnimmt!«, fordere ich.

Dazu sind sofort alle bereit und stellen sich wie ein schützender Wall um die Tasche. Nur Hanne will es immer noch nicht wahrhaben.

»Ich glaube kein Wort von diesem Lügenmärchen!«

Arme Hanne! Es ist bestimmt schrecklich, die Stute des Oberschurken von Apfelbaum zu sein. Ich würde sie gerne ein wenig trösten: »Keine Sorge, niemand denkt schlecht von dir, bloß weil dein Mensch so ein Schuft ist.«

»Darum mache ich mir keine Sorgen, sondern ihr tut meinem Herrchen unrecht!«

»Schon gut, du musst bei der Verteidigung gegen ihn ja nicht mithelfen«, schlage ich vor.

»Kapier doch, Hopper. Ich wäre die Erste, die diese Babys mit allen vier Hufen verteidigen würde!« Zärtlich stupst sie ihr Fohlen an, das dicht gedrängt neben ihr steht. »Niemand von euch weiß besser als ich, wie dringend die

Neugeborenen den Schutz einer Mutter brauchen. Aber Wutig hat ganz sicher nicht vor, den Kleinen auch nur ein Haar zu krümmen!«

»Ach«, schnaubt Kira, »und wieso hat er sie dann in seiner Tasche versteckt?«

»Woher willst du das wissen?«, schnauft Hanne zurück. »Hast du sie in der Tasche gesehen?«

»Nein, aber Hopper hat doch gesagt, dass ...«, entgegnet Kira.

»Na klar, und wenn Hopper das sagt, muss es natürlich stimmen«, meint Hanne höhnisch.

»Dann lass uns nachsehen«, schlägt Amato vor.

Alle Augen wandern zwischen mir und der Tasche hin und her.

»Nur zu«, grummle ich beleidigt, weil sie mir nicht vertrauen. »Macht doch auf und guckt nach.«

»Stell dich nicht so an, Hopper«, lässt sich Brombeere vernehmen. »Du weißt genauso gut wie wir, dass du der Einzige bist, der diesen Reißverschluss aufbekommt!«

Juli drängelt ebenfalls: »Komm schon, wir wollen doch bloß sehen, ob es den Katzenbabys gut geht und sie genug Luft bekommen!«

Diesen Argumenten habe ich nichts entgegenzusetzen. Der Reißverschluss ist allerdings eine echte Herausforderung. Mit den Zähnen bekomme ich den winzigen Schiebergriff nicht zu fassen. Zornig sehe ich mir den Metallnippel genauer an. Vorne hat er ein kleines Loch – man könnte also – ja, das müsste funktionieren. Ich suche mir einen dünnen, biegsamen Ast, der genau durch diese Öffnung passt. Ihn hindurchzuschieben, ist ungefähr genauso schwierig, wie einen Faden in ein Nadelöhr einzufädeln. Erst nach einigen Fehlversuchen gelingt es mir. Jetzt kann ich die beiden Astenden packen, zusammendrücken und an meiner selbst gebastelten Schlaufe ziehen. Stückchen für Stückchen öffnen sich die kleinen Zähne des Reißverschlusses und geben das Innere der Tasche frei.

Die Hälse meiner Pferdefreunde werden lang und länger. Jeder will die Katzenjungen als Erstes entdecken und sie bei uns auf der Weide begrüßen. Aber so sehr wir uns auch die Köpfe verrenken, erst mal sehen wir nichts.

NICHTS!?

Ende gut?

Ich habe erwartet, dass die Kätzchen aus ihrem Gefängnis purzeln würden. Dann sollten sie mir dankbar über das Maul schlecken, weil ich sie aus den Klauen von Wutig befreit habe. Unter dem Jubel und Beifallgewieher meiner Freunde wollte ich sie zu ihrem Frauchen bringen.

Stattdessen piekst mich wieder einmal etwas in die Nüstern, als ich den Kopf etwas tiefer in die Tasche stecke. Wutigs grässliche Reitgerte. Na bitte, gibt es einen besseren Beweis dafür, dass er ein Tierquäler ist? Ich ziehe das Ding heraus und lasse es auf den Boden fallen. Anschließend zupfe ich noch eine Reithose mit Vollbesatz, eine Reitkappe, Handschuhe, Lederstiefel, ein muffelndes T-Shirt und ein Käsebrot hervor. Ernsthaft *Käse*! Wer hätte bei einem Metzger etwas anderes als Wurst oder Schinken vermutet? Doch eigentlich muss ich zugeben: Mir ist das Lachen gründlich vergangen. Mit jedem Gegenstand, der ans Licht kommt, wird klar – ich habe mich gründlich getäuscht. Die Bewegung in der Tasche muss ich mir eingebildet haben. Keine Spur von Katzen oder anderen Kleintieren!

Zuerst wird die Herde um mich still. Fassungslos begutachten sie den Haufen. Dann fängt Hanne an zu kichern: »Wusste ich's doch! Mein Metzger hat versprochen, dass wir heute Abend noch eine Stunde reiten.«

Jetzt ist es auch um die Zurückhaltung der Restlichen geschehen. Lauthals wiehern und glucksen sie durcheinander.

»Bravo, Hopper, du hast ein Käsebrot auf frischer Tat ertappt«, grient Amato.

Wütend schleudere ich die Sachen zurück in Wutigs Tasche. So eine Pleite! Ich habe mich blamiert bis auf die Knochen.

Nur Emil auf der anderen Seite des Gatters nimmt mich in Schutz: »Ihr habt wohl eines vergessen: Die Katzenjungen sind wirklich verschwunden und irren allein herum. Hopper hat wenigstens versucht, sie zu retten!«

»Stimmt genau«, wiehere ich, »und noch habe ich nicht aufgegeben!«

Mit Anlauf springe ich über den Zaun und lande neben Emil. Diesmal in hohem Bogen, weil ich so eine Wut im Bauch habe.

»Komm, ein paar Minuten haben wir noch!«

»Warte, Hopper, nimm die hier mit, damit du wenigstens keinen Ärger mit Tante Jo bekommst.«

Kira hat mir die Tasche zum Zaun hinterhergetragen. Dankbar nehme ich sie entgegen. Es tut gut, dass wenigstens meine zwei besten Freunde auf meiner Seite sind. Ja, richtig gelesen. Ich zähle Emil inzwischen dazu. Er hat soeben bewiesen, dass man sich auf ihn verlassen kann. Und das werde ich ihm nie vergessen!

Jetzt muss mir blitzschnell etwas einfallen, denn ich will diese Blamage nicht auf mir sitzen lassen. Schweigend galoppieren Emil und ich zurück zum Hof. Ich habe das Gefühl, dass die Lösung zum Greifen nahe ist. Nur eine winzige Kleinigkeit habe ich übersehen, deshalb komme ich einfach nicht dahinter. Im Geist fasse ich noch einmal alle Fakten zusammen. Das offene Scheunentor, die Katzenjungen mit ihren Stummelbeinchen, Wutig auf seiner Bank …

Im Geist höre ich Hanne wieder sagen: »Niemand von euch weiß besser als ich, wie dringend die Neugeborenen den Schutz einer Mutter brauchen.« Und sehe sie zärtlich die Mähne ihres Fohlens putzen.

Und da weiß ich es auf einmal. Wir haben die ganze Zeit die falsche Frage gestellt: Wo sind die Katzenjungen?

Wir hätten besser fragen sollen: Wo ist die Katzenmutter?

Die ahnungslosen Jungs haben sich diese Frage natürlich nicht gestellt. Sie sind automatisch davon ausgegangen, dass der Mutter etwas zugestoßen sein muss. Und Bine, Paula und selbst Tante Jo haben aus Angst um die Kätzchen ebenfalls nicht darüber nachgedacht.

Daher haben sie das Wichtigste übersehen: Eine Tiermutter würde ihre Neugeborenen nicht einfach so im Stich lassen. Nie im Leben! Hanne würde bis ans Ende der Welt laufen, um ihr verschollenes Fohlen wiederzufinden. Genau das hat die Katzenmutter wahrscheinlich auch gemacht. Vor einer Stunde muss sie sie endlich aufgespürt haben. Bei uns auf dem Hof. Und damit ihr nicht noch einmal jemand ihre Jungen wegnimmt, hat sie sie in Sicherheit gebracht. Bloß wohin? Wie hat sie es geschafft, die Jungen unter den Augen der versammelten Mannschaft im Innenhof wegzuschaffen?

»Du siehst aus, als ob du eine Idee hättest«, sagt Emil.

Ich nicke langsam: »In der Tat. Manchmal ist eine offene Tür einfach nur eine offene Tür.«

»Hä?«

Emil versteht meine Andeutung nicht. Macht

aber nix. Ich deute ihm, dass er mir folgen soll.

In der Scheune warte ich, bis sich meine Augen an das Dämmerlicht gewöhnt haben. Dann betrachte ich aufmerksam jeden einzelnen Heu- und Strohballen. Da – ganz oben in der Ecke! Dort könnte es sein. Nur ein winziger Spalt Platz unter dem Dach. Doch das würde genügen!

»Hallo, Nima, bist du da oben?«, schnaube ich leise.

Keine Antwort.

»Ich weiß genau, dass du deine Jungen dort unter dem großen Holzbalken versteckt hast.«

»Verrrrschwinde!«

Volltreffer! Gefunden! Jetzt darf ich sie bloß nicht verschrecken, damit sie nicht wieder abhaut.

»Ich gehe gleich. Wollte dir nur sagen, dass

sich dein Frauchen die Augen deinetwegen ausweint.«

»Susi?«

Eine samtweiße Schnauze und zwei spitze, schwarze Ohren schieben sich über den Rand des obersten Strohballens.

»Genau die, sie ist todunglücklich!«

»Mirrrr egal. Sie hat zugelassen, dass diese beiden Schufte meine Babys entführrrrt haben.«

»Na, hör mal, den Platz im Keller hast du dir doch selbst ausgesucht und du hast deine Jungen dort alleingelassen!«

»Miauuu, deswegen könnte ich mich selbst krrrratzen. Ich wollte ihnen eine klitzekleine Maus zum Spielen fangen. Und als ich zurrrückkam ...«

Die Katzenmutter schluchzt herzzerreißend auf.

»Ich weiß, ich weiß«, versuche ich zu trösten. »Die unwissenden Menschenkinder dachten, du wärst weg, und haben deine Jungen zu uns gebracht, damit sie versorgt werden.«

»Dumme Kerrrrle!«

»Stimmt, aber dafür kann Susi nichts. Sie hätte bestimmt gut auf deine Kinder aufgepasst!«

»Ach ja, sie hat mirrrr für die Geburrrrrt ein kuscheliges Nest neben dem Bett gebaut. Ich hätte mich nicht nach etwas Besserrrrem umsehen sollen!«

»Dann geh doch zurück zu ihr! Sie wird in wenigen Minuten da sein und euch bestimmt gerne mitnehmen.«

»Kann ich dirrrr vertrrrrauen?«

»Natürlich kannst du das«, schaltet sich Emil ein, »Hopper ist Detektiv und der beste Beschützer weit und breit!«

Es raschelt im Stroh. Die Katzenmutter klettert wendig wie ein Wiesel an den Ballen hinab. Im Maul hat sie eines ihrer Jungen. Sie setzt es auf meinem Rücken ab. Dann kraxelt sie wieder nach oben und packt das nächste im Nacken. Als alle vier sicher auf meinem Rücken geparkt sind, springt sie selbst auf.

Behutsam schreite ich mit meiner ungewöhnlichen Reiterschar aus dem Heuschober. Draußen haben sich inzwischen Bine, Paula und alle anderen Helfer um ein rotblondes Mädchen mit Zöpfen geschart. Seine verheulten Augen lassen unschwer erkennen, dass das Susi sein muss. Tante Jo hat tröstend den Arm um sie gelegt. Als sie uns entdeckt, kreischt sie auf und stürmt auf mich zu.

»Nima, da bist du ja!«

»Rrrrrrr!«

Die Katze auf meinem Rücken fängt laut an zu schnurren.

»Hopper und Emil haben es geschafft!«, ruft Paula. »Sie haben die Katzen gefunden!«

Bine fällt mir stolz um den Hals. Wäre ich eine Katze, würde ich ebenfalls schnurren vor Glück.

Metzgermeister Wutig steht auf einmal neben uns.

»Was macht euch so sicher, dass die beiden nicht nur zufällig auf die Katzen gestoßen sind?«

»Sehen Sie nicht seine Kappe?«, fragt Bine.

»So, so«, brummelt der Metzger. »Dann kann mir dein Pony sicher auch verraten, wo meine Reittasche geblieben ist? Ich habe sie irgendwo abgestellt und weiß nicht mehr, wo.«

Ich löse mich aus Bines Umarmung und flitze zurück zum Schuppen.

»Ho, ho, ho«, lacht Wutig, als ich seine Tasche neben ihm abstelle, »das Pony ist wirklich clever!«

»Ja, Hopper ist der beste Ponydetektiv der Welt!«, rufen Bine und Paula im Chor.

Michaela Hanauer, 1969, im Jahr der ersten Mondlandung, geboren, konnte schon als Kind von Büchern nicht genug kriegen. Ursprünglich studierte sie Jura, tauschte dann aber sehr schnell die Gesetzestexte gegen Kinder- und Jugendliteratur und arbeitete in einem Verlag. Heute lebt sie als freie Autorin in München, wenn sie nicht gerade auf ausgiebigen Wanderungen die grüne Insel Irland erkundet.

Von Michaela Hanauer u.a. ebenfalls bei Thienemann erschienen:

Lord Hopper – Ein Pony ermittelt

Hanauer, Michaela:
Lord Hopper – Ein Pony überlistet die Katzendiebe
ISBN 978 3 522 18149 5

Gesamtausstattung: Isabelle Dinter
Einbandtypografie: Michael Kimmerle
Innentypografie: Prill partners producing, Berlin
Schrift: Scala
Satz: KCS Gmbh, Buchholz/Hamburg
Reproduktion: Medienfabrik, Stuttgart
Druck und Bindung: Friedrich Pustet, Regensburg

5 4 3 2 1° 09 10 11 12

www.thienemann.de